Richard Schöne

Über Platons Protagoras

Ein Beitrag zur Lösung der Platonischen Frage

Richard Schöne

Über Platons Protagoras
Ein Beitrag zur Lösung der Platonischen Frage

ISBN/EAN: 9783743341371

Hergestellt in Europa, USA, Kanada, Australien, Japan

Cover: Foto ©Thomas Meinert / pixelio.de

Manufactured and distributed by brebook publishing software (www.brebook.com)

Richard Schöne

Über Platons Protagoras

ÜBER

PLATONS PROTAGORAS

EIN BEITRAG

ZUR LÖSUNG DER PLATONISCHEN FRAGE

VON

RICHARD SCHÖNE, PHIL. DR.

LEIPZIG
DRUCK UND VERLAG VON BREITKOPF UND HÄRTEL
1862.

MEINEM THEUEREN LEHRER

CHRISTIAN HERMANN WEISSE

IN INNIGER VEREHRUNG UND DANKBARKEIT

ZUGEEIGNET.

VORWORT.

Der Gedanke, dass Neuheit der Resultate in der Wissenschaft, zumal auf einem Gebiete, auf welchem grosse und bedeutende Männer sich die Anerkennung und Bewunderung der Mitforschenden erworben haben, eine sehr zweifelhafte Empfehlung ist, kann die Zaghaftigkeit nur vermehren, mit der ohnehin ein Erstlingswerk von dem Autor in die Welt gesandt und der Kritik der Urtheilsfähigen unterbreitet zu werden pflegt. Darf ich auch hoffen, dass bei einer eingehenden und wohlwollenden Betrachtung die vorliegende Arbeit weder Ernst noch Liebe der Forschung vermissen lassen werde, so kann ich doch andererseits ihre Mängel mir selbst am wenigsten verhehlen, und mag daher wohl bitten, dass man unter Anderem in Bezug auf das was im zweiten Abschnitte über Sokrates' Philosophie im Allgemeinen und Platons Verhältniss zu derselben gesagt worden ist, durch die Schwierigkeit des Gegenstandes sich zu nachsichtiger Beurtheilung bewogen finden möge. Ein Aehnliches muss von den Erörterungen des ersten Abschnittes gelten, welche durch eine breitere Motivirung und Exemplificirung aus anderen Gebieten der Litterär- und Kunstgeschichte an Deutlichkeit und Ueberzeugungskraft gewonnen haben würden. Umstände, die zu erörtern hier der Ort nicht ist, haben den Verfasser verhindert, die etwa noch wünschenswerthen Ausführungen vorzunehmen. Doch werden für den Leser, der den Inhalt des Büchleins in seiner Gesammtheit und seinem Zusammenhange zu betrachten nicht verschmäht, die an dem Beispiel des Protagoras gegebene Durchführung und die Andeutungen des dritten Abschnittes, der Einleitung als Ergänzung dienen können.

Dem aufmerksamen Leser wird es nicht entgehen, dass es des Verfassers Wunsch und Absicht nicht gewesen ist, die Eingangs entwickelten Principien auf die platonische Frage allein bezogen und angewandt zu sehen. In der That kann ich mich der Ueberzeugung nicht entschlagen, dass dieselben geeignet seien, auch in anderen litterärgeschichtlichen Fragen der Forschung einen sichereren Boden zu geben, als bisher, so hauptsächlich in der homerischen, in Bezug auf welche jedoch bereits Wolf und vor Allen Lachmann sehr bedeutende Aperçüs gewonnen haben.

Dass diese Abhandlung nicht aus dem in der Luft schwebenden Denkkorbe des aristophanischen Sokrates heraus sondern unter stetiger und sorgfältiger Benutzung und Erwägung der neueren platonischen Litteratur geschrieben ist, das, hoffe ich, wird der Kundige nicht verkennen, auch wo die Berücksichtigung nur eine stillschweigende ist*). Von einer ausdrücklichen Polemik habe ich in den meisten Fällen und zwar um deswillen abgesehen, weil, wenn die positive Beweisführung misslungen sein sollte, eine negative, polemische solchen Mangel doch unmöglich ersetzen konnte. Es versteht sich ausserdem eine allseitige Benutzung der zugänglichen Quellen so sehr von selbst, dass ich sie ganz würde mit Stillschweigen haben übergehen können, wenn ich nicht eines Agraphon zu gedenken hätte, dessen hier zu erwähnen Bedürfniss wie Pflicht der Dankbarkeit ist; es ist diess die Vorlesung, welche mein hochverehrter Lehrer, Herr Professor Weisse an der Universität Leipzig im Winter 1860 auf 1861 über Platons Leben und Werke gehalten hat. Ihr verdanke ich die hier zum Grunde liegenden Aperçüs über die platonische Frage im Allgemeinen und die mannigfaltigste Belehrung

---

*) Durch ein Versehen ist S. 67 noch ausdrücklich zu bemerken versäumt worden, dass für die dort vorgetragenen Ansichten der Verfasser mannigfache Anregung und Förderung in K. Fr. Herrmanns Aufsatz über Platons schriftstellerische Motive gefunden hat.

und Förderung im Einzelnen. Möge Er, dem sonach diese Blätter in mehr als Einem Sinne zugehören, wie er ihnen bisher seine fördernde und anregende Theilnahme geschenkt, so jetzt sie mit wohlwollender Nachsicht empfangen, als ein warmes und herzliches Zeugniss einer innigen Verehrung und kindlichen Dankbarkeit.

Weimar im Mai 1862.

Richard Schöne.

I.

Ἐὰν ζητῆς καλῶς, εὑρήσεις.

Wer an eine mit der platonischen Frage zusammenhangende Untersuchung geht und dabei einen überschauenden Blick wirft auf die vielfach divergirenden Wege, welche in den letzten Decennien die Forschung eingeschlagen hat, und die kaum minder divergirenden Resultate, welche den Ertrag solcher Forschung bilden: der könnte leicht schon im Beginn seiner Arbeit an ihrem Erfolge zweifeln wollen, und bedarf gar wohl eines Trostes der Art, wie ihn die Worte des grossen Weisen bieten, welche dieser Abhandlung als Motto voranstehen, eines Trostes, der, indem er das Vertrauen stärkt auf die Gewinnung eines echten wissenschaftlichen Resultates, zugleich um so lehrreicher ist, als er sich nicht als einen unbedingten bietet: denn nur dem ja verheisst der Göttliche Erfolg, der da *καλῶς ζητεῖ*. Wir werden hoffen dürfen, diese Worte im Sinne dessen, der sie gesprochen, aufzufassen und damit seiner Verheissung uns theilhaftig zu machen, wenn wir an unsere Untersuchung nicht gehen, ohne uns vorher ein Bewusstsein verschafft zu haben über die Methode, die wir einzuhalten, über die Principien, die wir zu verfolgen haben werden.

Für denjenigen, der unbefangen an die Lectüre der platonischen Schriften herantritt, ist zunächst jeder einzelne Dialog ein in sich geschlossenes Werk, das aus sich und in sich begriffen und genossen sein will, von dem man sich also zunächst gleichsam ein esoterisches Verständniss zu verschaffen hat. Von einer derartigen Betrachtungsweise, welche jedesfalles den Vortheil der Unbefangenheit und Vorurtheilslosigkeit mit sich bringt, hat Bonitz[1]) in seinen platonischen Studien ein belehrendes und interessantes Beispiel gegeben, indem er, zuvörderst unbekümmert um äussere Beziehungen und nur den Andeutungen der einzelnen Werke selbst folgend, von einer Reihe von Dialogen Gedankengang und Gliederung und danach Zweck und Resultat entwickelt. Es ist jedoch unerlasslich, sich über die Tragweite derartiger Untersuchungen zu verständigen. Vor Allem haftet ihnen der Uebelstand an, dass sie von einem Boden ausgehen von dem aus ein Urtheil über Echtheit oder Unechtheit der einzelnen Werke unmöglich ist, eine Frage, die nur entschieden werden kann, indem man beständig den gesammten Bestand der Ueberlieferung vergleichend vor Augen hält. Allein man kann hier, und mit Recht, einwenden, dass dieser Uebelstand so gross nicht sei, da er im schlimmsten Falle auf einige an unechte Werke verschwendete Arbeit hinauskommen würde, die denn doch zuletzt noch Material liefern könne für den Entscheid der Echtheitsfrage. Aber schon diess führt uns darauf, dass diese Betrachtungsweise doch nur den Charakter der Vorläufigkeit trägt[2]), wie denn eine so rein esoterische Behandlung einzelner Werke selbst auf die Aussicht wird verzichten müssen, für alle einzelnen Werke ein volles Verständniss zu gewinnen. Hiezu kommt ein anderes Interesse, welches der neueren Bildung seit Schelling immer mehr und mehr nahe getreten ist. Nachdem nämlich dieser Philosoph zuerst mit Nachdruck darauf hingewiesen hat,

---

[1]) Platonische Studien von H. Bonitz, 1. u. 2. Heft. Wien 1858. 1860. bes. Abdruck aus den Sitzungsberichten der kais. Akademie.

[2]) Auch Bonitz betrachtet seine platon. Studien wohl nur als Vorarbeiten, die einer künftigen umfassenden Betrachtung der gesammten platon. Werke im Zusammenhange zu dienen bestimmt scheinen. Vgl. I. S. 10.

dass der Begriff einer Entwickelung, einer organischen Entwickelung nicht auf das Bereich der Natur allein, sondern auch auf das der Geistesgeschichte Anwendung leide: ist ein immer steigendes Interesse erwacht an der Geschichte auch der einzelnen bedeutenden Persönlichkeiten und dem Gange ihrer Geistesentfaltung; und wenn dieses Interesse, soweit es zeitlich uns nahe stehende Geister betraf, mitunter ins Kleinliche und Krämerhafte ausartete: so hat für das Alterthum und seine Heroen schon die Natur unserer Quellen solchen Ausschreitungen einen Damm gesetzt, der leider nur zu oft mit den Ausschreitungen auch die Befriedigung echten und wahren Interesses verhindert. Solches Interesse aber nicht am Wenigsten ist es, welches das Studium der platonischen Werke zu einer so fesselnden und anziehenden Aufgabe macht, welche zugleich der Aussicht auf eine einigermassen befriedigende Lösung nicht entbehrt. Denn neben einer nicht unbeträchtlichen Anzahl von Notizen über Platon bei anderen Schriftstellern, die uns manchen bedeutsamen Fingerzeig geben, liegen uns seine Schriften nicht nur, soweit wir wissen, vollständig, sondern auch in solcher Anzahl vor, dass von vorn herein die Wahrscheinlichkeit gross ist, in ihnen einen Spiegel wenigstens eines Theiles seiner Entwickelungsgeschichte zu besitzen.

Wenn es uns somit bei dem Studium von Platons Schriften nicht nur um eine Erkenntniss der platonischen Philosophie zu thun ist, sondern vor Allem auch darum, aus ihnen einen der genialsten und grossartigsten Geister des Alterthums in der Entfaltung und Bethätigung seiner Persönlichkeit kennen zu lernen, so erhellt von selbst, dass unser Absehen zunächst auf zwei Punkte sich richten muss: erstlich auf eine kritische Sichtung der platonischen Werke, eine Sonderung des Echten von dem etwaigen Unechten, und dann auf den Nachweis der Abfolge, in der diese Schriften verfasst zu denken sind. Ist diese festgestellt, dann würde als das letzte, gleichsam synthetische Geschäft die schöne Aufgabe sich ergeben, aus jener Reihe von Werken den ihnen entsprechenden Entwickelungsgang des

Philosophen abzuleiten und die innere Motivirung derselben zu erforschen.

Für die Beantwortung jener obigen beiden Fragen sehen wir uns zunächst nach äusseren Zeugnissen um. Da gilt denn für die erstere, die Echtheitsfrage als ein sicherer Gewährsmann Aristoteles; eine von ihm citirte platonische Schrift pflegt man ohne Weiteres als echt anzuerkennen. Wenn nun gleich die bekannte, kritisch höchst unsichere Verfassung der aristotelischen Schriften die Kraft solches Zeugnisses wesentlich beeinträchtigt: so wird man doch, zumal nach Ueberwegs[3]) einsichtiger und umsichtiger Prüfung dieser Citate so viel behaupten dürfen, dass durch dieselben mit alleiniger Ausnahme des Parmenides und nahezu auch des Protagoras und Kratylos alle die grösseren und bedeutenderen platonischen Werke in einer Weise beglaubigt sind, die uns erlaubt, sie so lange für echt zu halten, als nicht das Gegentheil durch triftige Gründe erwiesen wird. Wenn wir aber auch den Protagoras, Kratylos und Parmenides hier vorläufig als authentische Werke betrachten, so wird sich hiefür eine nachträgliche Rechtfertigung, hoffe ich, aus dem Verlauf unserer Betrachtungen von selbst ergeben.

Für die Frage nach der Zeitfolge der platonischen Werke liegen äussere Zeugnisse zunächst, wenigstens mittelbar, in diesen Schriften selbst vor, in der Erwähnung historischer Ereignisse von uns bekanntem Datum. Diese sind wie die aristotelischen Citate einer sehr eingehenden Prüfung und Sichtung neuerdings von Ueberweg a. a. O. unterworfen worden. Es erhellt jedoch, dass für das eigentliche Problem der Zeitfolge diese Erwähnungen nur ein sehr unbestimmtes und einseitiges Resultat liefern können. Denn es ergiebt sich aus ihnen immer nur, dass ein Dialog nicht vor einem bestimmten Jahre

---

[3]) Untersuchungen über die Echtheit und Zeitfolge Platonischer Schriften und über die Hauptmomente aus Plato's Leben von Dr. Friedrich Ueberweg. Wien 1861.

könne geschrieben sein, nie aber der terminus, bis zu welchem seine Abfassung herabgerückt werden kann, so dass für das gegenseitige Zeitverhältniss der Schriften auf diesem Wege nur Weniges und das Wenige nur problematisch geschlossen werden darf. Allerdings würden nach Ueberwegs Darlegungen hier mehrere Werke eine entschiedene Ausnahme machen, hauptsächlich das Symposion, der Theaitetos und die Apologie. Obgleich ich die hiefür beigebrachten Gründe schon um der Principien willen, die ich als die in dieser Untersuchung allein massgebenden in der Folge darzulegen hoffe, nicht als zwingend anerkennen kann, so mögen doch hier, wenigstens was die ersten beiden unter jenen Werken betrifft, einige entgegnende Bemerkungen Platz finden.

Als Abfassungszeit des Symposions findet nach Anderer Vorgang Ueberweg das Jahr 385 oder 384 indicirt, und zwar durch den bekannten Anachronismus in der Rede des Aristophanes, nach welchem ein in jene Zeit fallender $διοικισμὸς$ der Mantineer durch die Spartaner erwähnt wird. Die Authentie der betreffenden Worte und ihre Deutung auf das bezügliche Ereigniss scheinen allerdings durch Ueberwegs Auseinandersetzung gesichert; allein es lässt sich diesem Umstand, scheint mir, auch eine andere Wendung geben. Ist es wohl wahrscheinlich, dass Platon jenen Anachronismus unmittelbar nach jenem Ereigniss begangen habe, wo er einen jeden Leser auf das Empfindlichste berühren musste? So viel wenigstens erscheint sicher, dass die übrigen bei Platon vorkommenden Anachronismen durchaus anderer Art sind; sie sind meist nichts Anderes als ein Zusammenrücken von zeitlich auseinanderliegenden Thatsachen oder Personen, die alle jedoch dem Bewusstsein von Platons Publikum so fern liegen, dass nur ein nachrechnender Verstand an ihnen Anstoss nehmen kann. Man kann nun allerdings einwenden, jenes Ereigniss sei von der Art, dass es sich nicht lange im Gedächtniss habe erhalten können. Allein abgesehen von der schleiermacherschen

Vermuthung[*]), die als noch unbeseitigt erscheint, lassen sich so mancherlei Anlässe denken, welche jenen Vorgang im Andenken erhalten konnten; so ist es durchaus nicht unwahrscheinlich, dass sich die Komödie desselben bemächtigt und ihm dadurch eine Bedeutung verliehen habe, die auch längere Zeit nachher auf ihn anzuspielen erlaubte. — Was den Theaitetos anlangt, so sind die in dem Werke selbst enthaltenen Andeutungen auch von Ueberweg als nicht eben sicher und beweiskräftig anerkannt; das Hauptgewicht fällt auf den Inhalt des einleitenden Gesprächs. Hier aber kann ich den Verdacht nicht unterdrücken, dass jene Einleitung nicht von Platon selbst herrühre. Schon die Art der Wiedergabe des Gesprächs mit den Seitenblicken auf den Ballast der Erzählungsformeln erscheint so unplatonisch wie möglich, ein Bedenken, das freilich erst im Verlauf unserer Untersuchung sein volles Gewicht erhalten kann. Es tritt der Umstand hinzu, dass sich dieses Prooemium nicht zugleich auf den Sophistes und Politikos bezieht, wofür deren spätere Abfassung, welche man von manchen Seiten annimmt, selbstverständlich keine Erklärung bietet, da sie im Theaitetos beabsichtigt ist. Im Uebrigen muss ich auf das Kommende verweisen.

Anders steht es mit dem, was wir durch Aristoteles von der Zeitfolge der platonischen Schriften erfahren, d. i. mit seiner Nachricht, dass die Gesetze später als die Republik geschrieben seien; denn diess ist meines Wissens das Einzige, was Aristoteles für diese Frage beibringt. Allein die Authentie der betreffenden Stelle vorausgesetzt, würde auch diese einzige Nachricht schon von der allerhöchsten Wichtigkeit für unsere Kenntniss von Platons Entwickelungsgang sein — wenn nicht eine zwar spätere, aber hinreichend zuverlässige Mittheilung über die Gesetze auch dieser Nachricht die Spitze abbräche. Es wird nämlich mehrfach und übereinstimmend berichtet, dass Platon die Gesetze nur im Brouillon hinter-

---

[*] S. seine Uebers. II 2. S. 370.

lassen und erst ein gewisser Philippos sie von da umgeschrieben und herausgegeben habe. Ist an dieser Nachricht zu zweifeln kein triftiger Grund vorhanden — und man sieht in der That nicht was, wenn sie nicht wahr wäre, zu ihrer Erfindung den Anlass hätte geben sollen — so ist es zum Mindesten möglich, ja wahrscheinlich, dass die Nachricht bei Aristoteles nur auf dem Schlusse beruht, dass Platon mit dem, was er nur im Brouillon hinterlassen, auch die letzte Zeit seines Lebens beschäftigt gewesen sein werde, oder, mit anderen Worten, dass die Gesetze als ein opus posthumum auch sein letztes Werk seien. Da dieser Schluss nun aber, so nahe er liegt und zumal der damaligen, um derartige Fragen wenig bekümmerten Zeit liegen musste, doch aller Sicherheit entbehrt: so haben wir, wenn anders wenigstens die Möglichkeit eines derartigen Zusammenhangs jener Nachrichten unleugbar ist, damit auch den einzigen äusseren Anhaltepunkt für die Frage nach der zeitlichen Reihenfolge der platonischen Schriften verloren. Denn die späteren, anekdotenhaften Mittheilungen, wonach z. B. der Lysis zu Sokrates' Lebzeiten abgefasst sein würde, sind eben so anekdotenhaft, dass sie als Basis einer Untersuchung zu wählen (wie K. Fr. Herrmann, wenn auch vielleicht nur formell thut[5]) zum Mindesten auf das Prädikat eines wissenschaftlich kritischen Verfahrens keinen Anspruch hat.

Ueberblicken wir nun den Kreis von Werken, den wir der obigen Darlegung zu Folge zur Basis unserer Forschung wählen dürfen, so sind es drei verschiedene Gesichtspunkte, nach denen sich dieselben in verschiedener Weise zu Gruppen zusammenordnen: ein äusserlich formeller, ein stilistisch-ästhetischer und drittens ein inhaltlicher.

Von diesen drei Gesichtspunkten ist bis jetzt wesentlich nur der letzte von den Forschern vor Augen gehalten, zuerst aber und mit voller Energie von K. Fr. Herrmann durchgeführt worden, wenn auch Spätere hie und da Grund gefunden

---

[5]) Plat. Philos. S. 370. 386.

zu haben glauben, von seinen Resultaten sich zu entfernen. Unsere Aufgabe aber wird es sein, jeden jener drei Gesichtspunkte in seiner Berechtigung nachzuweisen, und dann darzuthun, ob und in welcher Weise die verschiedenen an sie sich anschliessenden Anordnungen eine gegenseitige Verquickung und Versöhnung zulassen oder auch fordern.

Als den ersten jener drei Gesichtspunkte bezeichneten wir einen äusserlich-formellen. Es ist hiemit nichts Anderes gemeint als die Scheidung der platonischen Dialoge in direkte oder dramatische und in indirekte oder diegematische[6]). Diese Scheidung hat man bisher in einer Weise vernachlässigt, die um so mehr auffällt, je neuer und eigenthümlicher die diegematische Form ist und je mehr sie somit zum Nachdenken über die Gründe auffordern musste, die Platon zu ihrer Wahl, zu ihrer Schöpfung bestimmt haben mögen. Ein besonders einleuchtendes Beispiel kann hiefür der Timaios geben, den man, meist ohne allen Anstand, für die Fortsetzung der Bücher vom Staate nimmt, während doch der Umstand, dass er in direkter, diese in indirekt dialogischer Form abgefasst sind, und Anderes, was hier darzulegen der Ort nicht ist, es wahrscheinlich macht, dass er vielmehr die Fortsetzung einer früheren Gestalt jener Bücher bildet, welche, wie der Timaios, direkt dialogische Form trug. Nun kann man allerdings und nicht ohne Schein einwenden, dass es gefährlich erscheine, auf diese äussere Form allzuviel Gewicht zu legen; Platon könne recht wohl dem Zufall oder augenblicklicher Neigung folgend bald der einen bald der anderen Form sich bedient haben. Wenn jedoch schon an sich eine solche Annahme bei einem so den-

---

[6]) Die direkten unter den oben S. 4 bezeichneten Dialogen sind, in alphabetischer Anordnung, folgende: Gorgias, Kratylos, Kritias, Kriton, Laches, Menon, Nomoi, Phaidros, Philebos, Politikos, Sophistes, Theaitetos, Timaios; die indirekten: Charmides, Parmenides, Phaidon, Politeia, Protagoras, Symposion. Die Apologie und Menexenos sind keine Dialoge, doch kann man die erstere den direkten, den letzteren den indirekten beizählen.

kenden Künstler, wie Platon ist, gerechten Zweifeln unterliegt: so verliert sie noch mehr an Wahrscheinlichkeit durch die Betrachtungen, welche Platon im dritten Buche über den Staat zwar nicht über diese Form selbst, aber doch über Gegenstände anstellt, die es uns durchaus nahe legen, dabei an die Form seiner eigenen Dialoge zu denken. Es reicht die betreffende Stelle von 392 C bis 398 B. Er spricht dort über die beste Art und Weise der poetischen Darstellung, indem er drei Arten unterscheidet: die Erzählung, in welcher der Dichter nie anders als aus seinem eigenen Bewusstsein heraus rede; dann die Erzählung mit eingeflochtenen direkten Reden; zuletzt die dramatische Darstellung, bei welcher der Dichter gar nicht mehr aus seinem, sondern stets und Alles aus fremdem Bewusstsein heraus spreche. Indem er nun in der letzten Gattung die völlige $\mu i\mu\eta\sigma\iota\varsigma$ findet (wobei selbstverständlich ein anderer als der aristotelische Begriff der $\mu i\mu\eta\sigma\iota\varsigma$ zum Grunde liegt), spricht er sie der ersten so gut wie völlig ab, während er die mittlere die aus $\mu i\mu\eta\sigma\iota\varsigma$ und anderer Erzählung gemischte nennt. Diess Alles wird zunächst von einem praktisch-ethischen Gesichtspunkte aus entwickelt, und dem gemäss geschieht auch im Ganzen die Anwendung. Der tüchtige Mann, sagt er 396 C, werde, wenn er eine Rede wiederzugeben habe, jener dritten Gattung sich bedienen, soweit diese Rede gut und edelen Sinnes sei; er werde aber immer mehr zu dem Indirekten und der Erzählung ohne $\mu i\mu\eta\sigma\iota\varsigma$ seine Zuflucht nehmen, wenn er an Schlechtes und Unedles komme, soweit es nicht dem Scherze diene. Diess seine Vorschrift für den idealen Staat, in der wir, wie in vielem Anderen, mehr eine à contre coeur gezogene Consequenz aus den ihm einmal als richtig geltenden Prämissen seines Systems zu suchen haben werden, als eine etwa von ihm selbst einzuhaltende Regel; denn so wenig wir annehmen oder fordern werden, dass Platon, da er den Homer und die Tragöden aus seinem Staate verbannt, darum auch selbst auf den Genuss ihrer Werke solle verzichtet haben — gerade von Homer bekunden seine

Schriften das allergründlichste Studium[7]) —: ebensowenig werden wir meinen, dass er in seinen Productionen den Gesetzen seines idealen Staates werde nachgekommen sein. Zwar, es liesse sich Manches anführen, um eine Uebereinstimmung darzuthun zwischen seinen eigenen Schriften, soweit sie indirekte Dialoge sind und jenen obigen Forderungen, vor Allem der Umstand, dass die Erzählung des Dialogs gewöhnlich dem Sokrates oder irgend sonst einer Persönlichkeit in den Mund gelegt wird, in der wir einen edlen Sinn erkennen, dass also die höchste, die völlig direkte Nachahmung bei der Rede eines Tüchtigen eintritt. Hiezu kommt ferner der Ton eines leisen Humors, mit dem das meist sparsam eingestreute Abweichende oder Unwürdige vorgetragen wird, so dass man es in einem gewissen Sinne unter die Kategorie dessen rechnen könnte, wobei er »des Scherzes halber« die μίμησις zulässt. Doch diess und Anderes bei Seite lassend, ist es für unseren Zweck wichtiger zu beachten, dass dem Schriftsteller bei jenen Bemerkungen augenscheinlich auch ästhetische Rücksichten vorschwebten. Freilich bringt es der ganze Zusammenhang mit sich, dass nur eine kurze Andeutung uns diess verräth; aber um so werthvoller, um so beachtenswerther ist sie für uns. Im Verlaufe (397 B) rühmt er es nämlich als einen Vorzug der eben berührten (vd. 396 C) Erzählungsweise, dass sie σμικρὰς τὰς μεταβολὰς ἔχει καὶ ἐάν τις ἀποδιδῷ πρέπουσαν ἁρμονίαν καὶ ῥυθμὸν τῇ λέξει, ὀλίγου πρὸς τὴν αὐτὴν γίγνεται λέγειν τῷ ὀρθῶς λέγοντι καὶ ἐν μιᾷ ἁρμονίᾳ — σμικραὶ γὰρ αἱ μεταβολαί — καὶ δὴ ἐν ῥυθμῷ ὡσαύτως παραπλησίῳ τινί. Man sieht, dass unmittelbar die Worte eine Anwendung auf Platons Schriften nicht leiden; allein es ist leicht hier zwischen den Zeilen zu lesen und die Uebertragung auf die Dialoge zu machen. Es würde danach jene Einkleidung in die Form der Erzählung, jener mindere Grad von der μίμησις von ihm gewählt worden sein, um seinen Werken eine gewisse Gleich-

---

[7]) S. Sengebusch hom. dissert. prior p. 118—129.

mässigkeit, einen gewissen Guss des Stils zu geben, den denn auch in der That die indirekten Dialoge in weit höherem Masse zeigen als die direkten.

Sind diese Auseinandersetzungen gegründet und sehen wir uns sonach zu der Annahme berechtigt, dass Platon nicht zufällig, sondern aus ganz bestimmten ästhetischen Motiven die Form der Gesprächserzählung einführte und anwandte — wobei freilich die Hauptsache auf Rechnung eines unbewussten, künstlerischen Aperçüs wird zu setzen sein —: so erhellt von selbst, wie es die höchste Wahrscheinlichkeit gewinnt, dass die indirekten Dialoge auch der Zeit nach einander nahe stehen.

Es sind uns nun noch zwei jener obigen Gesichtspunkte zu näherer Betrachtung übrig. Zu dem ersten derselben, den wir als den stilistisch-ästhetischen bezeichneten, sind wir in dem bisher Gesagten von selbst hingeleitet worden, und es ist auch bereits darauf hingedeutet, dass derselbe mit dem ersten, wenn wir diesem die oben entwickelte Bedeutung geben, nahezu zusammenfällt. Kann es doch einem unbefangenen Betrachter kaum entgehen, dass auch nach diesem anderen Gesichtspunkte die platonischen Werke[8]) sich wesentlich in zwei Gruppen theilen, die mit jenen anderen zwar nicht sich decken, aber doch in hohem Grade übereinstimmen. Es ist diess, ohne dass jedoch die Anordnung zumal innerhalb der ersten Gruppe in allen Einzelheiten vertreten werden soll, etwa folgende beiden:

1) Nomoi[9]), Kratylos, Theaitetos, Sophistes, Politikos, Philebos, Timaios, Kritias, Menon, Phaidros.

---

[8]) Auch hier beschränkt sich die Betrachtung billig auf die oben S. 4 bezeichneten Werke, da gerade bei diesem Gesichtspunkte vor Allem es gilt, die Einmischung unechter Werke sorgfältig zu vermeiden. Nur einige kleinere sokratische Werke habe ich einzufügen mir erlaubt, deren Stil die Ueberzeugung von ihrer Echtheit zu begründen schien. Im Uebrigen vergl. die zweitfolgende Anmerkung.

[9]) Es kann allerdings nicht verfehlen Befremden zu erregen, wenn

2) Menexenos, Apologie, Kriton, Gorgias, Laches, Charmides, Protagoras, Symposion, Parmenides, Politeia, Phaidon.

Einen näheren Nachweis über diese Eintheilung und eine eingehendere Charakteristik der beiden Gruppen erscheint es angemessener an die Betrachtung und Analyse eines einzelnen Werkes anzuknüpfen, das durch seine eigenthümliche Beschaffenheit und Stellung zu diesem Zwecke vor anderen sich empfiehlt, des Protagoras. Allein damit wir für die Betrachtung dieses Werkes gleich von vorn herein den richtigen Gesichtspunkt gewinnen, wird es am Orte sein, uns zuvor über das Wesen des stilistischen Moments und sein Verhältniss zu dem inhaltlichen wenigstens eine vorläufige Klarheit zu verschaffen.

Auch in Bezug auf den Inhalt sind es zwei Gruppen zunächst, die sich von einander sondern: eine sogenannte sokratische, von Dialogen, in denen Platon nicht wesentlich über seines Meisters Lehre hinausgegangen erscheint, und eine zweite, weit grössere, in der wir specifisch platonische Lehren niedergelegt finden, und zwar so, dass auch hier wieder eine Zweitheilung sich empfiehlt; diese ist jedoch von Verschiedenen auf so verschiedene Weise vorgenommen worden, dass wir hier besser von ihr absehen. Die erste dieser Gruppen, die sokratische, umfasst von grösseren Werken nur den Gorgias und Protagoras, sonst die Apologie, den Kriton, Laches, Charmides und vielleicht noch einige kleinere [10]); die zweite

---

man hier die Gesetze aus der gewohnten letzten an die erste Stelle gerückt findet. Allein wenn man, wie ich aus den S. 6 f. angegebenen Gründen glaube dass man es thun muss, das Zeugniss des Aristoteles auf sich beruhen lässt und die Sache einzig aus inneren Gründen beurtheilt: so meine ich auf Zustimmung rechnen zu dürfen, wenn ich behaupte, dass Form und Inhalt gleichmässig es empfehlen, die Gesetze nicht sowohl in Platons Alter als vielmehr in die Zeit der entstehenden, nach und nach sich herausbildenden Ideenlehre zu setzen, also an die ihnen im Text zugewiesene Stelle.

[10]) Welche von den kleineren sokratischen Dialogen ausser den genannten als echt anzuerkennen seien, darüber gestehe ich zu einem be-

begreift die gesammten übrigen Werke. Es zeigt sich nun aber, dass diese Eintheilung mit der nach dem stilistischen Charakter der Dialoge gemachten in einen grellen Widerspruch tritt. Während nach der inhaltlichen es wenigstens bei der ersten Betrachtung als das Natürlichste erscheint, die sokratischen Werke als die frühesten anzusehen, würden sie nach der anderen vielmehr in die Mitte von Platons schriftstellerischer Thätigkeit zu rücken sein. Dieses letztere Resultat sieht auf den ersten Anblick so paradox aus, die inhaltliche Anordnung empfiehlt sich scheinbar so sehr durch natürliche Evidenz — wie sie denn auch in der That für die jetzt so ziemlich allgemein angenommene gelten kann —, dass es einer näheren principiellen Erörterung der betreffenden beiden Gesichtspunkte bedürfen wird, um uns über die Grenzen zu orientiren, bis zu denen wir den einen oder den andern werden festzuhalten haben.

Man wird es als durch die Forschungen Herrmanns und seiner Nachfolger erwiesen ansehen dürfen, dass unter den platonischen Werken inhaltliche Verschiedenheiten bestehen [11]), d. h. dass nicht nur Lehren, welche in einigen Dialogen vorgetragen oder erwähnt werden, in anderen unberücksichtigt bleiben, sondern dass auch über dieselben Gegenstände in verschiedenen Werken mehr oder minder verschiedene Ansichten auftreten. Wenn es nun schon an sich durchaus wahrscheinlich ist, dass in der langen Zeit, welche wir bei der Langsamkeit antiker Production durch Platons Schriften umfasst glauben müssen, verschiedene Modificationen in seinen philosophischen Anschauungen vorgegangen seien, was uns dazu noch durch mehrere gewichtige Zeugnisse aus dem Alterthum ausdrücklich bestätigt wird: so scheint nichts einfacher und sicherer als jene

---

stimmten Resultate noch nicht gelangt zu sein, und ziehe daher vor, die Sache hier in suspenso zu lassen, zumal diess unbeschadet der übrigen Untersuchung geschehen kann.

[11]) Für dieses und das Folgende ist zu vergleichen Bonitz a. a. O. I. S. 3 ff. Ueberweg a. a. O. S. 43 ff.

Modificationen in den Philosophemen ohne Weiteres auf eine Modification der jedesmaligen eigenen philosophischen Ueberzeugung Platons zurückzuführen und an der Hand solcher Beobachtungen sich eine Reihe der platonischen Werke zu bilden, in der so ziemlich jedes einzelne Glied wenigstens in des Philosophen eigenem Sinne einen Fortschritt gegen das vorhergehende bezeichnen würde. Gesetzt eine solche Reihe wäre erreichbar, — wie sie denn in der That in den Grundzügen als festgestellt gelten darf — so wird man ihr weder das Interessante noch das Nützliche absprechen; sie kann eine propädeutische und pädagogische, auch methodologische Bedeutung für sich in Anspruch nehmen. Nur Ein Schluss kann und darf nicht, wenigstens nicht ohne Weiteres, aus ihr gezogen werden, der nämlich, dass die Werke in eben jener Reihenfolge entstanden seien. Solche Verwahrung beruht nicht auf einer übertriebenen, skeptischen Vorsichtelei: sie ist mehr als hinreichend schon durch die Wahrnehmung begründet, dass in der Geschichte der Völker wie der Einzelnen das Aehnliche, das ideell Zusammengehörige und Zusammenhangende doch in Wirklichkeit zeitlich und räumlich oft weit auseinanderliegt. Wie sehr ist sie also bei einem Schriftsteller gerechtfertigt, bei dem wir nicht einmal den Willen voraussetzen dürfen, seine jedesmalige eigentliche und letzte Ueberzeugung in seinen Schriften niederzulegen, bei dessen Productionen augenscheinlich öfter so ganz andere Interessen ins Spiel kamen, als die der einfachen Darlegung seiner Lehre! Nach allem diesem gewinnen wir, indem wir den inhaltlichen Gesichtspunkt verfolgen, nichts als eine Abfolge der platonischen Werke, in der sie ihrem philosophischen Gehalte nach abgefasst sein können; eine Gewissheit über ihre Reihenfolge auf diesem Wege zu erlangen erscheint unmöglich, wie derselbe auch für die Frage nach Echtheit oder Unechtheit durchaus unzureichend ist: denn wenn ein genauer Kenner von Platons Systeme, deren es im Alterthume leichter geben konnte als heutzutage, sich vornahm, durchaus in des Meisters Sinne einen Dialog zu schreiben und dieses Vornehmen mit Geschick und Geschmack ausführte — wem sollte es heute gelingen, in dem Inhalte solches Dialogs Unplatonisches herauszufinden? Und, um noch ein Mal auf die Frage nach der Reihenfolge zurückzukommen: gesetzt Platon habe sich in höherem Alter, da sein System bereits sich consolidirt hatte, durch irgendwelchen Anlass bewogen gefunden, einen Dialog zu schreiben, der rein auf dem Boden der Sokratik sich hielte — und wenigstens die Möglichkeit hievon wird man nimmermehr läugnen können —: welche Mittel würde eine nur auf das Inhaltliche gerichtete Forschung haben, um hier dem wahren Sachverhalt auf die Spur zu kommen? Würde sie nicht consequent sein und ein solches Werk unter Platons Jugendwerke rechnen müssen? Noch abgesehen also von den Resultaten, welche auf diesem Wege thatsächlich sind gewonnen worden, müssen wir ihn von vorn herein für unzureichend erkennen; denn eine Methode kann nur dann für die wahre und wissenschaftliche gelten, wenn sie erschöpfend ist, d. h. wenn sie den, der sich ihrer bedient, so weit zu führen vermag, als die Natur des Gegenstandes dem Menschengeiste zu dringen überhaupt verstattet. Wollen wir uns also nicht bescheiden, über Reihenfolge und Echtheit platonischer Schriften zu einer Gewissheit überhaupt nicht gelangen zu können — wozu ein Anlass noch nicht vorliegt — so müssen wir auf einem anderen Wege zum Ziele zu gelangen suchen. Ob ein solcher durch Verfolgung des dritten der oben aufgestellten Gesichtspunkte, des stilistisch-ästhetischen zu gewinnen sei, mögen die folgenden Betrachtungen uns lehren.

Das Wort Stil hat eine besonders prägnante Bedeutung, wie die Sache selbst eine besondere Berücksichtigung und Würdigung in der bildenden Kunst gefunden: nicht ohne Grund; denn es ist durchaus naturgemäss, dass etwas, dessen Wesen darin besteht, ein Gemeinsames aller Theile eines Kunstwerkes zu sein, leichter erkannt und stärker empfunden wird in einem Werke, das in seiner Ganzheit gleichzeitig sich uns darstellt, als in einem solchen, welches nur in einem Zeitverlaufe genossen werden kann, bei dem also ein Vergleichen der einzelnen Theile und ein auf diese Weise Herausempfinden des solchen Theilen Gemeinsamen schon ein einigermassen geübtes Auffassungs- und Erinnerungsvermögen voraussetzt. So ist es vielleicht auch zu erklären, dass gleich vom Beginne einer wahrhaft wissenschaftlichen Behandlung der bildenden Kunst, also seit J. J. Winkelmann, die »Stilkritik« als eine, oder vielmehr als die berechtigte Methode der bezüglichen Forschung anerkannt worden ist, und dass noch heutigen Tages Jemandem den Sinn für Stil, das »Stilgefühl« absprechen nichts Anderes heissen würde, als ihm die Befähigung für die Behandlung eigentlich kunstgeschichtlicher Fragen absprechen. Freilich ist es auch hier bequemer, eine Reihe von »Merkmalen« dem Gedächtniss einzuprägen, als durch angestrengtes fortwährendes Anschaun sich jene Sicherheit anzueignen, mit welcher der Kenner auf den ersten Blick eine archaistische von einer archaischen Statue, einen echten von einem unechten Dürer unterscheidet, oder einem rafaelischen Bilde die ungefähre Zeit seiner Entstehung anweiset. Ist doch ein Wissen immer ein leichter zu erwerbender und weniger angefochtener Besitz als ein Können. Wie oft aber lassen jene »Merkmale« den Forscher im Stich, zumal wo es gilt, den ersten Pflug in ein unbebautes Feld zu setzen. Anders denkt wenigstens die gewöhnliche Anschauung in literärgeschichtlichen Fragen. Jener alte Römer zwar durfte ohne Anstoss zu geben sagen: hic uersus Plauti non est, hic est »quod tritas aures haberet« (Cic. famm. 9, 16, 4), und noch jetzo schleichen sich auch in wissenschaftliche Werke mannigfache Bemerkungen über Stil, Ton, Colorit der Sprache oder Darstellung eines Schriftstellers ein: wo aber derartige Bemerkungen nicht bloss als gelegentliche, sondern mit dem Anspruche auf wissenschaftliche Bedeutsamkeit auftreten, wo jene Elemente sich ausdrücklich als giltige, wissenschaftliche Kriterien der Untersuchung und Beurtheilung geben: da sieht sich der Forscher gar leicht dem Vorwurfe der Unwissenschaftlichkeit, des Dilettantismus, subjectiver Willkür ausgesetzt. Jedem Denkenden drängt sich hier die Frage auf, ob solche Vorwürfe, ob vor Allem eine solche Scheidung in der Behandlung der bildenden Kunst und der Darstellung im Elemente der Rede durch das Wesen der Sache gerechtfertigt, oder ob vielleicht gar auch jene Zulassung der Stilkritik in Fragen der bildenden Kunst nur eine vorläufige sei, eine Krücke, die man durch eine bessere, wissenschaftlichere Methode zu verdrängen und zu überwinden trachten müsse. Jedes Falles ist weder jenes halb unbewusste Hereinziehen des Stilgefühls in litterärgeschichtliche Fragen noch jene schroffe und wenigstens vorerst noch unmotivirte Abweisung desselben einer wahrhaft wissenschaftlichen Forschung würdig, in deren Interesse es vielmehr liegt, hier zu einer klaren, einer principiellen Gewissheit zu gelangen.

Wir sprechen nach neuerem philosophisch-ästhetischem Sprachgebrauche von Stil im engeren und eigentlichen Wortsinne überall da, wo eine Production das naive und unwillkürliche Gepräge der producirenden Persönlichkeit trägt — wobei es erlaubt sein wird, auch ganze Schulen oder Zeitalter zu dem Begriffe Einer Gesammtpersönlichkeit zusammenzufassen. So ist der Stil gleichsam die Brechung, welche der Strahl des Gedankens annimmt, wenn er durch das Prisma einer Persönlichkeit hindurchgeht; er ist die innerlich nothwendige, die organische Form, welche für und durch eine gewisse Persönlichkeit ein gewisser Gehalt annimmt und so zwar, dass solche Form nicht würde verletzt werden können, ohne zugleich den eigenthümlichen in sie gelegten Gehalt zu alteriren; denn Gehalt wird man ja doch nicht bloss den etwaigen Gedanken- oder derartigen Inhalt, sondern z. B. auch das besondere Verhältniss nennen müssen, in das der Darsteller etwa durch den angeschlagenen Ton der Darstellung den Leser zu jenem Inhalte versetzt. Das Hauptgewicht aber fällt hierbei auf jene innere Nothwendigkeit, jene Naivität und Unwillkürlichkeit, wonach eine stilvolle Darstellung nur möglich ist, wenn sie der innersten Ueberzeugung des Producirenden gemäss und aus dem Centrum von dessen eigenster Persönlichkeit heraus geschieht. Das Naturgemässe, Ideale und Eigentliche wäre es nun allerdings, dass sich diess für jeden Menschen, für jedes Zeitalter von selber machte, gerade wie es gewiss im Grunde die Entelechie einer schönen Seele ist, in einem schönen Körper zu wohnen. Aber wie die körperliche Natur, ja die gesammte Schöpfung erst nach langer Zeit und vermöge Ringens und Kämpfens sich dazu durcharbeitet, der Ausdruck der hinter ihr liegenden geistigen Potenzen zu sein, und diese erst auf diesem Wege in eine volle und klare Actualität treten: also ist auch der Stil im höchsten Sinne des Wortes stets erst Ergebniss eines ernsten Ringens mit dem Stoffe und seiner Gestaltung, und wir dürfen uns jene Naivität und Unwillkürlichkeit der Production nicht als eine leichthingehende, heute empfangene, morgen geborene denken: erst die intensivste Anstrengung geistiger Kraft vermag es, das Eigentlichste und Beste des eigenen Könnens herauszustellen, und so dem Stile jenen wunderbaren Zauber zu verleihen, wonach die Darstellung den Eindruck gleichsam des Naturnothwendigen, des organisch Gewachsenen macht. Wenn von irgend welchen, so empfangen wir von Lessings Schriften den Eindruck des Impromptu's, des Zugleichgeborenseins von Form und Inhalt; und doch geben seine Papiere, von denen u. A. der Anfang zu einem Buche »Hermäa«[12]) vom höchsten Interesse ist, Zeugniss, dass er den ausserordentlichsten Fleiss ausdrücklich auch auf die stilistische Seite seiner Schriften verwandte. Noch lehrreicher ist eine Aeusserung Lessings selbst über diesen Punkt: er sagt im Eingange seines zweiten Anti-Goeze von seinem eigenen Stile: — »Auch bin ich mir bewusst, dass er gerade dann die ungewöhnlichsten Cascaden zu machen geneigt ist, wenn ich der Sache am reifsten nachgedacht habe.

---

[12]) Bd. XI, 2. S. 62 Lchm. Maltz.

Er spielt mit der Materie oft um so muthwilliger, je mehr ich erst durch kaltes Nachdenken derselben mächtig zu werden gesucht habe«[13]). Das heisst im Grunde doch nichts Anderes, als dass die Freiheit des Stils in gleichem Verhältnisse fortschreite mit der Herrschaft über den Stoff. Und wenn diese letztere nun nicht nur bei jedem einzelnen Gegenstande durch längeres Nachdenken über denselben wächst, sondern auch durch dauernde und angestrengte Geistesthätigkeit sich immer mehr zu einem bleibenden Vermögen der Stoffbeherrschung ausbildet: so würde mit solcher Entwickelung naturgemäss auch eine immer grössere Beherrschung der Darstellungsmittel, eine immer höhere Freiheit des Stiles Hand in Hand gehen, wie solches denn in der That bei Lessing der Fall gewesen.

Die Summe dieser Betrachtungen ist unschwer zu ziehen; ebenso, ihre Anwendung auf die uns zunächst beschäftigenden Fragen zu machen. Wir sahen oben, dass die Verfolgung des inhaltlichen Gesichtspunktes um deswillen keine Aussicht auf ein wissenschaftlich sicheres Resultat habe, weil es in die Willkür des Schriftstellers gelegt ist, wie viel oder wie wenig er von seinen Einsichten in sein Werk niederzulegen für gut findet. Nicht so der Stil. Er bezeichnet, soweit er eben Stil ist und nicht Manier[14]), das jedesmalige höchste Können des Schriftstellers, und, indem er das Ganze und Höchste seiner Persönlichkeit spiegelt, verräth er uns ebensowohl den ewigen

---

[13]) Bd. X. S. 167. Man vergleiche noch die höchst charakteristische Aeusserung aus dem letzten Stücke der Dramaturgie, Bd. VII. S. 417: »Meine erste Gedanken sind gewiss kein Haar besser, als Jedermanns erste Gedanken: und mit Jedermanns Gedanken bleibt man am klügsten zu Hause.«

[14]) Auch die »Manier«, von der bei Platon so wenig die Rede sein kann, dass ich im Text sie glaubte übergehen zu dürfen, kann nicht minder wie der Stil als Kriterium der Forschung gelten, nur sind die Gesichtspunkte dabei natürlich einigermassen verändert. Von Wichtigkeit ist sie für einzelne Probleme der Echtheitsfrage, wie denn bei manchen pseudoplatonischen Partieen, z. B. der Einkleidung des Menexenos, über welche unten im dritten Abschnitte einige Andeutungen gegeben werden sollen, die Manierirtheit der Darstellung zu einem Kriterium der Unechtheit wird.

und beharrenden Hintergrund derselben, als ihre Entwickelungsmomente. Unter allen Geistesheroen unserer Bildung hat keiner die Phasen des Menschenlebens als Mensch wie als Schriftsteller so rein, so gleichsam typisch an sich selbst zur Erscheinung gebracht, wie Goethe. Er ist, wie kein Anderer, in seinem Denken und Dichten wie im Treiben des Lebens Jüngling, Mann, Greis gewesen, und hat zugleich diese seine Entwickelung mit einer so stetigen literarischen Production begleitet, dass er vor Allen geeignet erscheint, an seinem Beispiele das eben Gesagte zu erläutern. Wem, der an eine Lectüre seiner Werke auch ohne die geringste Kenntniss ihrer Abfolge heranträte, würde es dennoch entgehen können, dass das unruhige brausende Feuer im Werther seiner Jugend, die ruhige Gelassenheit und beherrschende Ueberlegenheit in den Lehrjahren seinem Mannesalter, die kühlere, gleichmässigere, beschaulichere Darstellung in dem grössten Theile der Wanderjahre dem greisen Goethe angehöre? Oder wer, wenn er auch aller äusseren Zeugnisse entblösst wäre, würde darum verlegen sein, in welcher Abfolge er den Götz, Iphigenie, Tasso, den ersten und den zweiten Theil des Faust entstanden zu denken habe? Zugleich aber, wer würde sich auch nur einen Augenblick bedenken, alle diese Werke, trotz ihrer handgreiflichen, tiefbedeutsamen Verschiedenheiten dem einen und selben Verfasser zuzuschreiben? In der That, es bedarf hier nur dieser Andeutung von Erfahrungen, die sich für unser Bewusstsein an jedem unserer grossen Schriftsteller bewahrheiten; man denke beispielsweise nur noch an die Entwickelung, welche Schillers, Klopstocks, welche Lessings Stil genommen, eine Entwickelung, wie sie in Wahrheit kaum charakteristischer für die gesammte Geistesentwickelung jener Männer gedacht werden kann, indem sie gleichmässig den beharrenden Hintergrund ihres eigensten Wesens, wie dessen Entfaltung von innen und Beeinflussung von aussen (das letztere bes. bei Schiller) klar und deutlich wiederspiegelt.

Nach diesem allem dürfen wir den Stil als ein schlechthin

allgemeines und sicheres Kriterium betrachten, wo es sich um Echtheit und Zeitfolge der platonischen Schriften handelt: das stilistisch Zusammengehörige wird auch seiner Entstehungszeit nach sich nahe stehen, und das Unechte durch die Fremdartigkeit seines Stiles sich verrathen. — Nur Eine Frage ist bisher so gut wie unerörtert geblieben und verlangt hier noch ihre Erledigung, die Frage nach dem Organe, nach der Methode, deren wir uns in stilistischen Fragen zu bedienen haben. Gelegentlich ist allerdings wohl von dem »Stilgefühle« als solchem Organe die Rede gewesen; aber gerade dieses wird einer Rechtfertigung gar sehr bedürfen.

Auch unter denen, welche mit der obigen Darlegung des Stiles und seiner Wesenheit sich in Uebereinstimmung finden, besteht doch noch eine gerade hier wichtige Differenz: es kann nämlich das stilistische Element als ein seinem Wesen nach entweder Rationales oder Irrationales gefasst werden. Welche von diesen beiden Anschauungen die wahre sei aus Principien zu erweisen, ist weder dieses Ortes noch für unseren Zweck erforderlich: denn darin werden Alle übereinkommen müssen, dass der Stil wenigstens vorläufig ein Irrationales sei, d. h. dass es dem Menschengeiste noch nicht gelungen sei, ihn auf verstandesmässigem Wege zu zergliedern, in seine letzten Elemente zu zerlegen, woraus zugleich folgt, dass für seine Erfassung auch das Stilgefühl das vorläufig einzig mögliche Organ ist. Die Ansichten können somit im Grunde nur über ein ideales Ziel der Stilerforschung auseinandergehen, und ich darf mich daher damit begnügen einfach zu bekennen, dass ich meinerseits den Stil, wie Alles, was auf wahrhafter Productivität beruht, für ein nicht nur vorläufig sondern absolut Irrationales halte. Weiter aber fragt es sich, ob eine Forschung, die auf ein Stilgefühl sich basirt, Anspruch darauf hat, als eine wissenschaftliche zu gelten, ob sie nicht bei solchem Ausgangspunkte der subjectiven Willkür Thür und Thor öffnet, deren völlige Verbannung erstes Bedingniss aller echten Wissenschaft ist. Solchen Zweifeln zu begegnen ist um so dringender geboten, als ihnen eine Auffassung von Wissenschaft im Ganzen und Grossen zum Grunde liegt, die vor einer umsichtigen und geistvoll gründlichen Betrachtung sich kaum würde behaupten können. Leider sind die Grundprobleme der Philosophie noch viel zu controvers und hat sich in Bezug auf sie noch viel zu wenig eine allgemeine und sichere Ueberzeugung festgestellt, als dass ich hier auf dieselben mit einiger Aussicht auf Beistimmung recurriren dürfte. Ich würde sonst zu zeigen versuchen, wie selbst die aprioristischste aller Wissenschaften, die Metaphysik, zu ihrem Hintergrunde eine unerweisliche Thatsache der Ueberzeugung, oder, wenn man will, des Glaubens hat, die nämlich einer transscendentalen Geltung unseres Vernunftinhaltes. Doch möge es erlaubt sein darauf hinzuweisen, wie die Wissenschaft u. A. das Dasein Gottes, die Existenz von Dingen ausser uns ohne Anstoss als für sie feststehend behandelt, obgleich für beide im gewöhnlichen Sinne unerweisliche Thatsachen nur eine Gewissheit der Ueberzeugung möglich ist, die sich von der durch das Stilgefühl gewonnenen durch kein wesentliches Moment unterscheidet: für beide liegt die Gewähr gleichmässig auf ethischem Gebiete. Hat aber die Wissenschaft mit Recht von jenen Thatsachen Gebrauch gemacht, so ist damit zugleich zugestanden, dass das Stilgefühl ein berechtigter Faktor wissenschaftlicher Forschung ist. Entzieht es sich auch der Controle verstandesmässigen Kalküls, so schafft es doch eine sichere und feste Ueberzeugung, bei der von subjectiver Willkür zu reden eine contradictio in adiecto sein würde: Nichts ja unterliegt im Menschen weniger der Willkür, als die Ueberzeugung; sie kann der Verstandescontrole entrathen, sie steht unter der höheren Controle des wissenschaftlichen Gewissens, und es ist von der Einheit des menschlichen Geistes mit Sicherheit zu erhoffen, dass, wenn solche Selbstcontrole ein Jeder recht und ernst übt, dann auch Einheit der Resultate von selbst sich herausstellen werde.

Es wird zweckdienlich sein, ehe wir diese allgemeinen Untersuchungen, um sie erst später wieder aufzunehmen, abbrechen, die Summe unserer bisherigen Betrachtungen in folgende Sätze zusammenzufassen:

1. Der Stil als das dem Schriftwerk aufgedrückte Gepräge der Persönlichkeit seines Urhebers ist das zuverlässigste, ja allein sichere Kriterium für die Frage nach der Authentie und dem gegenseitigen Zeitverhältniss der Werke eines Schriftstellers.

2. Das Problem der platonischen Frage stellt sich danach dahin, eine Lösung zu finden für die Widersprüche, die scheinbar bestehen zwischen dem stilistischen und dem inhaltlichen Standpunkt einiger platonischer Werke.

II.

Indem wir jetzt der Betrachtung eines einzelnen und zwar eines der hervorragendsten und einen künstlerischen Charakter am Reinsten tragenden platonischen Werke uns zuwenden, erscheint es als das Geeignetste, zuerst dieses Werk an und für sich seinem Gedankengehalt und dessen Gliederung, so wie seinem dramatisch-künstlerischen Charakter nach zu betrachten, die Untersuchung seines Zweckes aber und seiner etwaigen Resultate nicht zu trennen von derjenigen seines Verhältnisses zu den stilistisch oder inhaltlich ihm nahestehenden Dialoge.

Ein kurzes direktes Gespräch als Einleitung, als dessen Lokal wir etwa eine Palästra zu denken haben, zeigt uns den Sokrates, von einem Freunde gefragt, woher er komme, »doch wohl von der Jagd auf Alkibiades.« Sokrates antwortet erst versteckt, dann offen, er komme von einem schöneren, weil weiseren Manne, dem Protagoras, mit dem er eine lange Unterredung gehabt. Diess reizt die Neugierde der Anwesenden (dass ihrer mehrere sind, zeigt ἡμῖν 309 C 310 A), Sokrates aber entspricht gern der Aufforderung, sich niederzulassen und ihnen das Gespräch mitzutheilen. Es folgt nun die Erzählung des Sokrates, von der wir

1. das Vorbereitende oder die Exposition 310 A — 317 E betrachten. Des frühesten Morgens wird Sokrates von dem ihm befreundeten jungen Hippokrates geweckt, der auf die dringlichste Weise ihn ersucht, ihn bei dem seit zwei Tagen in Athen anwesenden Protagoras einzuführen, damit dieser ihn seines Unterrichts theilhaftig werden lasse. Sokrates verspricht ihm das zu thun, fordert ihn aber wegen der Frühe des Morgens auf, vorher mit ihm im Hofe sich zu ergehen. Hier fragt er ihn, was er denn bei Protagoras suche, und es zeigt sich, dass Hippokrates hierüber völlig im Unklaren ist. Nun thut ihm Sokrates zuerst dar, dass er den Unterricht des Protagoras nicht um des Berufes, sondern um seiner Bildung willen erstrebe, macht ihn aber dann mit Ernst darauf aufmerksam, wie unvorsichtig es sei, sich auch nur der Bildung halber in die Lehre eines Sophisten zu begeben, ohne doch, wie er von ihm voraussetzt, einen klaren Begriff von dem Wesen des Sophisten zu haben. Da die Voraussetzung von Hippokrates' Unklarheit hierüber sich als richtig erweist, so zeigt er ihm ferner, wie der Sophistenberuf auf ein mit Lehren Handeltreiben hinauskomme, und wie es um so unvorsichtiger sei, ohne für Schätzung solcher Lehren einen Massstab zu besitzen, doch sie ohne Weiteres erhandeln zu wollen. Mit der Absicht, Näheres hierüber mit Protagoras selbst und anderen Philosophen, die sie in demselben Hause, bei Kallias, zu finden hoffen, durchzusprechen, brechen sie dahin auf. Nach einem kleinen Verzug an der Thür, um ein begonnenes Gespräch erst zu Ende zu führen, und durch den Unwillen eines unwirschen Thürstehers aufgehalten, treten sie endlich ein. Zuerst noch ausserhalb stehen bleibend, gewinnen sie einen Ueberblick über das Ganze des sich ihnen darstellenden Bildes. Da ist Protagoras im Kreise von Schülern und Verehrern auf und ab wandelnd; da ist Hippias auf einem hohen Lehnsessel thronend, auch er umgeben von einer Zahl aufmerksamer Zuhörer, unter denen bekannte athenische Gesichter begegnen; da ist Prodikos der kränkliche, in einem

Seitengemache in Decken eingehüllt, mit einer Schaar Getreuer, die seinen tiefstimmig vorgetragenen Expositionen lauschen, deren Gegenstand uns aber unverrathen bleibt; da ist endlich Alkibiades und Kritias, die eben kommen und keiner der drei Philosophengruppen zugetheilt sind. — Nachdem sie im Anschaun des Vorgehenden verweilt haben, treten sie an Protagoras heran, indem Sokrates in kurzen Worten ihm ihr Anliegen vorträgt und es ihm anheimstellt, ob er mit ihnen allein oder im Beisein der Uebrigen verhandeln wolle. Protagoras erklärt sich zu dem Letzteren bereit, da er nicht wie Frühere Anderes zum Gewande seines Berufes vorzuschützen pflege, sondern sich offen als Sophisten bekenne. Sokrates, dem seine Neigung sich zu zeigen nicht verborgen bleibt, schlägt vor, auch Hippias und Prodikos sammt ihren Zuhörern herbeizuziehen, und so endigt dieser erste Abschnitt damit, dass ein allgemeiner consessus veranstaltet wird, der nun den Hintergrund der gesammten folgenden Unterredungen bildet. — Schon dieser flüchtige Ueberblick über den Inhalt dieses ersten Abschnittes kann lehren, dass derselbe unmöglich allein philosophischen Zwecken dienen könne, dass wir vielmehr mit Recht ihn oben als die Exposition bezeichnet haben. Zwar soll keinesweges geläugnet werden, dass derselbe zu den eigentlich philosophischen Problemen in einem Bezuge, ja in einem engen und direkten Bezuge steht; allein auch dieses Verhältniss ist doch nur ein derjenigen Stellung entsprechendes, welche etwa die Exposition eines Dramas zu dessen Problem oder, wie man es da zu nennen pflegt, zu dessen Knoten, seiner Schürzung sowohl als Lösung, einnimmt. Die nachfolgenden Bemerkungen mögen zur näheren Ausführung und wo möglich Rechtfertigung dieser Auffassung dienen.

Das Gespräch des Sokrates mit Hippokrates über das, was dieser bei Protagoras suche und über den Begriff des Sophisten ist in mehr als Einer Rücksicht für das Verständniss der Hauptunterredungen von Wichtigkeit. Es setzt dasselbe den Leser gleich von vorn herein auf den rechten kritischen

Standpunkt gegenüber den Auslassungen des Protagoras, dessen Ruhm und Ansehen auf der anderen Seite schon hier in ein helles Licht tritt. Seltsam genug berührt es u. A., wenn Protagoras ganz naiv und offen, sogar mit einem Anfluge von Ruhmredigkeit sich als Sophisten bekennt, nachdem Sokrates vorher den Hippokrates gefragt, ob er sich denn nicht schämen würde, ein Sophist werden zu wollen. Aber auch das eigentliche, nachher behandelte Problem wird bereits hier vorbereitet. Wenn z. B. Sokrates sagt, 312 E, der Sophist könne nur in Betreff desjenigen Redefertigkeit mittheilen, $\pi\varepsilon\varrho i\ o\tilde{v}\pi\varepsilon\varrho$ $\varkappa ai\ \dot{\varepsilon}\pi i\sigma\tau a\tau ai$, und wenn er weiterhin bemerkt, Hippokrates könne nur dann ruhig von Protagoras »Belehrung erhandeln«, wenn er $\dot{\varepsilon}\pi i\sigma\tau\eta\mu\omega\nu\ \tau o\acute{v}\tau\omega\nu\ \tau i\ \chi\varrho\eta\sigma\tau\grave{o}\nu\ \varkappa ai\ \pi o\nu\eta\varrho\grave{o}\nu$ sei: so ist damit nicht allein das Problem des Dialogs zum Voraus angedeutet, sondern auch auf die Dissonanz hingewiesen, die durch Protagoras und das ganze Treiben und Lehren der Sophisten hindurchgeht. — So wäre denn mit dieser Unterredung der Held des bald Folgenden, Protagoras, mit wenigen Strichen andeutend geschildert, während Sokrates bereits hier sich in den Gegensatz zu ihm stellt, der dann zu so fruchtbaren Discussionen führen soll; auch in das Haus des Kallias, die »Sophistenherberge«, wäre ein vorbereitender Blick geworfen, zu dem schon das die Dialogserzählung einführende Gespräch sammt Andeutungen über Protagoras' grosses Ansehen, über Alkibiades' Persönlichkeit, über des Sokrates vor Allem auf Wahrheitserkenntniss gerichtetes Trachten beigetragen hat; ja auch auf die künftigen Probleme wäre hingewiesen, die Rede hierüber aber sehr passend in eben dem Momente abgebrochen (312 E a. E.), wo ein Fortschritt des Gesprächs unmöglich gewesen wäre, ohne Späterem vorzugreifen. Gesetzt nämlich, es würde hier die Unterredung weiter gesponnen und nicht mit jener Reihe paränetischer Vorwürfe an Hippokrates unterbrochen: so würde Sokrates nicht umhin können, den Sophisten, wie er sein soll, etwa als einen der da $\dot{\varepsilon}\pi i\sigma\tau\eta\mu\omega\nu$ $\tau o\tilde{v}\ \delta i\varkappa a\acute{i}ov\ \varkappa ai\ \dot{a}\delta\acute{i}\varkappa ov$ sei oder etwas dem Aehnliches zu bezeichnen und somit den Gegenstand der Differenz zwischen Protagoras und ihm und der daran geknüpften Untersuchung ausdrücklich zu nennen. Diess aber auf später zu verschieben musste dem Schriftsteller schon um deswillen gerathener erscheinen, damit der erste Verlauf der Unterredung mit Protagoras nicht den Eindruck des Absichtlichen und Arrangirten machte.

Mit dem leisen und zugleich überlegenen Humor, wie er etwa den Grundton der Götheschen Lehrjahre bildet, schildert Sokrates das vornehme Haus, in dem die ganze Scene vor sich gehen soll und die Persönlichkeiten, welche nach und nach in die Handlung eintreten werden. Wir können diess gewissermassen den zweiten Act der Exposition nennen, welcher, indem er weniger als der erste zu den eigentlichen Problemen in Beziehung steht, im Wesentlichen ein rein dramatisch-künstlerisches Interesse verfolgt. Die Scene vor der Thür lässt uns zunächst einen Einblick thun in den allgemeinen Charakter des Hauses. Der Unwille des alten Thürstehers gegen die Sophisten, wenn er auch »gleichsam den instinctmässigen Abscheu der unverdorbenen Menschennatur gegen diese Zunft ausdrückt«[15]), hat sicher hier seinen Grund doch zunächst darin, dass jener in den Sophisten die Ursache des drohenden oder schon einbrechenden Verfalls des Hauses erblickt. Und dieser Eindruck wird hinreichend bestätigt, wenn wir beim Einblicke in das Haus sehen, in welch' ausgedehnter Weise die schrankenlose Gastfreiheit des Kallias von den Herren Sophisten gemissbraucht wird. Bewundernswerth aber ist es, wie Platon alle diese Beobachtungen in echt dramatischer Weise ohne die leiseste Reflexion nur durch Vorführung von Thatsachen dem Leser mitzutheilen weiss. Wenn wir schon vorher Mannigfaches von Protagoras erfuhren, so gewinnen wir hier neue Einblicke in sein Wesen; der Schwarm von einheimischen und fremden Anhängern, die mit unterwürfiger Ehrerbietung sich

---

[15]) Herrmann plat. Philos. S. 459.

benehmen, das äusserliche Wesen dieser Anhänger nicht allein sondern auch des Protagoras selbst, welches sich hierin zeigt und in grellen Contrast tritt zu der herzlichen Cordialität, die zwischen einem Sokrates und Hippokrates den Grundton des Umgangs bildet; die Schilderung ferner der beiden anderen Kreise des Hippias und des Prodikos, auf die wir bis dahin nur flüchtig vorbereitet waren, beide in treffend charakteristischen Zügen, welche uns alsbald über die ganze Atmosphäre orientiren; das klare und anschauliche Bild endlich, welches wie von selbst von dem Lokale, dem Hofe, seinen Säulenhallen, seinem Seitengemache mit dem Wiederhall u. s. w. sich uns vor Augen stellt: alles diess ist mit so vollendeter Kunst, solcher gleichsam spontan hervorwachsender Natürlichkeit durchgeführt und angebracht, wie sie nur etwa einige homerische Partieen und die Exposition einzelner sophokleischer Dramen, z. B. des Philoktet, auszeichnet.

Auch die erste kurze Unterredung zwischen Sokrates und Protagoras mit zur Exposition zu rechnen, sind mehrere Gründe bestimmend. Die Beziehung auf das Vorhergehende vor Allem ist so klar und unmittelbar, dass eine Trennung hier unmöglich scheint, während hinwiederum auf das eigentliche Problem nur Weniges oder Nichts hinweiset. Wir haben in Protagoras' Rede und der daran sich knüpfenden Veranstaltung der gemeinsamen Unterredung eben eine weitere Schilderung der Hauptpersönlichkeit zum Theile aus ihrem eigenen Munde; die eingeflochtene Bemerkung des Sokrates über den muthmasslich selbstgefälligen Zweck des Protagoras dem Hippias und Prodikos gegenüber stellt zudem das Verhältniss der drei Hauptgruppen ins Licht, denen gegenüber selbstverständlich Sokrates eine eigene, selbstständige Stellung zu behaupten, Kallias aber der Wirth eine vermittelnde Rolle zu übernehmen haben wird, während wir Alkibiades nach der Notiz im Eingange 309 B im Geiste bereits auf Sokrates' Seite sehen, wenn auch, wie wir aus eben jenen Andeutungen schliessen, nicht in hervorragender Weise.

Wir wenden uns nun von dem Eingange

2. dem ersten Gespräche des Sokrates mit Protagoras 317 E — 334 C zu. In dem ersten Unterabschnitte trägt zunächst Sokrates noch Ein Mal sein Anliegen vor und knüpft daran die Frage, welchen Erfolg Hippokrates von seinem Zusammensein mit Protagoras zu erhoffen habe. Nach einigem Hin- und Herreden stellt sich heraus, dass Protagoras gute Bürger heranzuziehen verspreche. Hier hat Sokrates einen doppelten Zweifel an der Lehrbarkeit solcher Bürgertugend. Erstlich scheint ihm dagegen zu sprechen, dass die Athener in allem Uebrigen Sachverständige berufen, über die Staatsverwaltung aber von jedem Bürger ausnahmslos Rath entgegennehmen. Der andere Einwand ist hergenommen von der Wahrnehmung, dass gerade die vortrefflichsten Bürger weder im Stande noch bestrebt seien, diese ihre eigene Vortrefflichkeit ihren Söhnen mitzutheilen, was doch ohne Zweifel der Fall sein würde, wenn dieselbe durch Lehre zugeeignet werden könnte. Die erste dieser Einwendungen beruht auf der Voraussetzung, dass etwas Lehrbares, welches also auf ein Wissen hinauskommt, nicht ohne Weiteres als ein Allgemeingut könne betrachtet werden, die zweite aber darauf dass, was einmal lehrbar sei, auch von allen Menschen gleichmässig müsse angeeignet werden können; beide aber sind weder ganz ernstlich noch ganz ironisch gemeint. Mit den zum Grunde liegenden Voraussetzungen ist es ihm Ernst; nur dass er jene sogenannten grossen Männer nur in Protagoras', nicht auch in seinem eigenen Sinne als grosse anerkennen würde. — Protagoras antwortet in längerer Rede, deren ersten Theil ein Mythos bildet. In diesem vollzieht er zunächst thatsächlich die vorher von Sokrates nur angedeutete Zurückführung der $\pi o \lambda \iota \tau \iota x \grave{\eta}$ $\tau \acute{\epsilon} \chi \nu \eta$ auf eigentlich ethische Elemente, indem er $\alpha i \delta \grave{\omega} \varsigma$ (dann $\sigma \omega \varphi \varrho o \sigma \acute{\nu} \nu \eta$ 323 A) und $\delta \iota x \alpha \iota o \sigma \acute{\nu} \nu \eta$ als ihre Grundlagen angiebt; ferner aber vindicirt auch er der Tugend die mit ihrer Lehrbarkeit scheinbar in Widerspruch stehende Allgemeinheit. Diesem fügt er einige nicht in mythischer Form vorgetragene Gründe hinzu.

Erstlich zeige die allgemein an Jeden gestellte Forderung sich δικαιοσύνη nicht abzusprechen, wo er nicht für toll gehalten sein wolle, dass auch wirklich ein Jeder irgendwie derselben theilhaftig sein müsse. Dass man aber nichts desto weniger die Tugend nicht als eine Naturgabe ansehe, diess gehe aus dem Umstande hervor, dass, während man diejenigen, die φύσει oder τύχῃ mit Uebeln behaftet seien, nur bemitleide, man gegen die, welche einen Mangel an Tugend zeigen, mit Vorwürfen, Ermahnungen und Strafen vorgehe. Es ist interessant zu sehen, wie schon hiemit die Behauptung von einer Lehrbarkeit der Tugend übergeht in diejenige von der Möglichkeit einer Erziehung zum Guten. Noch mehr ist diess der Fall in den nun folgenden Auseinandersetzungen des Protagoras, die er dem von den grossen Männern und ihren Söhnen hergenommenen Einwande des Sokrates entgegenstellt. Hier zeigt er nämlich, dass das Sichselbstüberlassensein der Söhne auch grosser Männer in Betreff der Erwerbung von Tugend und Sittlichkeit nur ein scheinbares sei; vielmehr sei von Kindheit auf ihr ganzes Leben Eine Erziehung zur Gerechtigkeit. In meisterhafter Darstellung führt er diess weiter aus und giebt ein lebendig anschauliches Bild von dem Ganzen solcher Unterweisung. Wie aber können bei allem dem die Resultate so ganz verschieden ausfallen? Auf diese Frage lautet Protagoras' Antwort dahin, dass der Natur alles Lehrens und Lernens gemäss auch hier nicht Alles auf den Lehrer und seinen Unterricht, sondern viel auch auf Naturanlage des Lernenden ankomme, wenn gleich irgend welchen Fortschritt nach der Tugend durch den Unterricht zu machen unbedingt bei Allen für möglich gehalten wird 327 C. Völlige Tugendlosigkeit Einzelner wird daher als eine nur scheinbare bezeichnet, dieser Schein aber daraus erklärt, dass man bei so hervorragender Tugendhaftigkeit Vieler in jenen die kleinen Anfänge dazu übersehe, während dieselben unter Menschen, die thatsächlich aller Gerechtigkeit entbehrten, noch als Tugendbegabte und sie Anderen zu lehren wohl Fähige erscheinen würden.

So bedeutend diese Auseinandersetzungen in stofflicher Hinsicht sind, so sehr sie in manchen Beziehungen an Anschauungen der reifsten Werke Platons erinnern: so wenig können sie doch, formell betrachtet, genügen, und fordern in mehr als Einem Betrachte die Kritik des methodischen Sokrates heraus, die sich denn auch alsbald gegen einen entschieden unklaren Punkt in Protagoras' Ansichten wendet, das Verhältniss der einzelnen Tugenden nämlich zum Gesammtbegriff der Tugend an sich. Die Tendenz des Sokrates geht hiebei darauf, die Einzeltugenden als zu höherer Einheit in der Weisheit aufgehoben nachzuweisen, eine Anschauung, auf die der Leser schon durch den Satz des Protagoras vorbereitet worden, dass die Weisheit die höchste der Tugenden sei 329 E. Zunächst freilich nimmt er einen Ausgangspunkt, der das Ziel wenig verräth, indem er die völlige oder annähernde Identität von Gerechtigkeit und Frömmigkeit und zwar daraus zu erweisen sucht, dass das Gerechte nicht unfromm, das Fromme nicht ungerecht sein könne. Hier beginnt Protagoras unwirsch zu werden und Sokrates bricht die Untersuchung, von der es nicht leicht zu sagen ist, wie er sie würde fortgeführt haben, ab, um sie von einer anderen Seite in Angriff zu nehmen. Er erweist nämlich das völlige Zusammenfallen der Besonnenheit und Weisheit; diess daraus, dass beide die ἀφροσύνη zum gemeinsamen conträren Gegensatz haben und jedes Ding nur Einen conträren Gegensatz haben könne. Von da geht er nun weiter zu der Frage, ob man irgend Jemandem, der da Unrecht thue, Besonnenheit zuschreiben dürfe. Protagoras verneint diess, meint aber, dass mit den Ansichten der grossen Menge diese Behauptung sehr wohl sich vertrage. Nachdem er wiederum ausgewichen, wenden sie sich zu einer Untersuchung dieser gemeinen Ansicht, die Sokrates augenscheinlich ad absurdum zu führen trachtet. Doch wird er durch eine längere Abschweifung des Protagoras wiederum unterbrochen. Wir brauchen diese Unterbrechung nicht eben zu bedauern, da der beabsichtigte Gang genugsam angedeutet ist, um ihn selbst ergänzen zu können. Sokrates geht davon aus, dass, wenn man dem Unrecht Thuenden Besonnenheit zuschreibe, man ihm wohlberathen zu sein nicht absprechen könne. Hieraus würde er dann folgern, dass er demgemäss auch das Nützliche thue. Das Nützliche aber ist nach seiner Ansicht mit dem Guten identisch. Diese Ansicht, vielleicht auch die später über das Angenehme vorgetragene, würde er hier vertheidigt und so gezeigt haben, dass dem Unrecht Thuenden Besonnenheit zuschreiben im Grunde nichts Anderes heisse, als Recht und Unrecht identificiren. Hieraus würde er dann zuletzt die Consequenz gezogen haben, dass alles Unrecht eine ἀφροσύνη, alle Tugend eine σωφροσύνη, oder, da diese beiden identisch, eine σοφία sei. Wenn diese Beweisführung so in ihrem Anfange abgebrochen wird, so kann man den Grund hiefür wohl einfach darin finden, dass dem Schriftsteller ihre Andeutung für den Inhalt genügend und im Interesse dramatischer Lebendigkeit es gerathen erschien, die weitere Ausführung dem denkenden Leser zu überlassen, den Gegenstand selbst aber später unter anderer Form aufzunehmen. Wichtiger ist hier die Frage, was denn im Grunde mit dieser ersten Unterredung geleistet sei.

Wenn das Vorangegangene, das wir als die Exposition bezeichneten, unsere Aufmerksamkeit besonders auf Zweierlei gespannt hatte, einmal auf Protagoras' Persönlichkeit und Ansichten, die uns bisher mehr in ihren Wirkungen angedeutet, als in ihrer Eigentlichkeit vorgeführt worden waren, und dann auf die Probleme, die zwischen ihm und Sokrates würden zur Sprache kommen, da einem Jeden sein Gefühl sagte, dass hier tiefgreifende, ja principielle Differenzen sich herausstellen müssten: so hat dieser Abschnitt unsere Erwartungen nicht betrogen; er hat das Bild des Protagoras glänzend vervollständigt, so dass wir ihn gewissermassen als die Πρωταγόρου ἀριστεία bezeichnen könnten, wenn auch besonders gegen das Ende mancher Schatten sichtbar wird; er hat in kurzen und bestimmten Zügen das Hauptproblem uns vorgeführt und lässt uns bereits ahnen, dass die Differenz der beiden Antagonisten weniger in der Antwort liegt, die sie auf jenes Problem geben, als in der Art und Weise, wie sie dieselbe geben, und in den Gründen, durch welche sie dazu bestimmt werden. - Doch er hat noch mehr geleistet, dieser Abschnitt; er hat vor Allem für jenes Problem an sich unser Interesse gewonnen, er hat gezeigt, wie hier die höchsten Fragen menschlichen Wohles und menschlicher Existenz ins Spiel kommen, zugleich aber auch, wie eine Lösung derselben mit tiefgreifenden Schwierigkeiten verbunden ist und die intensivste Anstrengung geistiger Kraft in Anspruch nimmt. Er hat zuletzt, besonders gegen das Ende mehr und mehr unser Interesse auf Sokrates hingelenkt, dessen methodische Ueberlegenheit, dessen feinspüriger und weitschauender Scharfsinn, dessen sittlicher Ernst vor Allem und strenge Wahrheitsliebe unsere wachsende Theilnahme erregt, so dass wir mit Spannung dem Ausgange des an diese Unterredung sich knüpfenden Intermezzos entgegensehen, welches Sokrates durch das mit dem Geschmacke Vieler von den Anwesenden in Widerspruch stehende Verlangen hervorruft, von Protagoras statt langer den Gegenstand verlassender Abschweifungen lieber kürzere und seine Fragen treffende Antworten zu erhalten. Protagoras wird gereizt und thut die Aeusserung, dass, wenn er seine Antworten von je hätte nach den Wünschen seiner Gegner einrichten wollen, er wahrscheinlich nicht würde zu seinem dermaligen Ruhme gelangt sein. Sokrates zeigt ihm dagegen, wie sein Verlangen so unbillig nicht sei, da Protagoras sowohl der langen als der knappen Rede Herr zu sein in dem Rufe stehe, während er selbst in Betreff der ersteren sich als unfähig bekennen müsse. Es sei also billig, dass der Stärkere dem Schwächeren sich anbequeme, da das Gegentheil eine Unmöglichkeit sei. Und damit steht er auf zu gehen. Kallias jedoch, der Wirth, dem natürlich solche Zwischenfälle sehr unangenehm sind, hält ihn an Hand und Mantel fest und will ihn nicht fortlassen. Sokrates aber wiederholt seine Gründe und weist darauf hin, wie nach dem Vorangegangenen die Fortsetzung der Unterhaltung nicht sowohl von ihm als von Protagoras' Willfährigkeit auf sokratische Gesprächsweise einzugehen abhänge. Ein zu der Rolle des Wirths wohl passender Vermittlungsvorschlag des Kallias, dass jeder von beiden nach eigenem Gutdünken die Rede führe, wird von Alkibiades scharf zurückgewiesen; wenigstens müsse dann Protagoras, dessen Ueberlegenheit in der $μακρολογία$ Sokrates willig anerkannt habe, sich seinerseits von diesem in der Kunst der Gesprächsführung besiegt bekennen. Auch Kritias giebt sein Wort drein und Prodikos hält eine weidlich mit Synonymenkram gespickte Rede, um zur Fortsetzung des Gespräches aufzumuntern, während Hippias in wohlgesetzten und mit Schmeicheleien für Athen und des Kallias Haus gewürzten Worten die goldene Mittelstrasse empfiehlt, indem er vorschlägt, dass das Gespräch in einer zwischen der Brachylogie des Sokrates und der Makrologie des Protagoras die Mitte haltenden Weise fortgesetzt und zur Ueberwachung dessen ein Kampfrichter gewählt werde. Dem aber widersetzt sich Sokrates, indem er »mit dialektischer Gründlichkeit« alle mögliche Fälle der Wahl erwägt und einzeln als unpassend zurückweist, selbst aber vielmehr den Vorschlag macht, dass einmal Protagoras die Rolle des Fragenden übernehme, er selbst aber zeige, wie er die Antworten wünsche, und sie dann vielleicht wieder die Rollen tauschten. Hierauf sieht sich Protagoras, obgleich ungern genug, einzugehen gezwungen, und so schliesst sich dann der dritte Theil, die Erklärung des Simonideischen Gedichts an. — Der Ideengehalt dieses Intermezzos, der in Folge von dessen ganzer Natur ein verhältnissmässig geringer sein muss, ist doch für die Würdigung des ganzen Dialogs von Wichtigkeit; und wenn wir auch diese Seite hier noch nicht wohl einer eingehenden Erörterung unterziehen können, so wird es doch der Mühe werth sein, wenigstens einen Blick auf diesen Gehalt im Allgemeinen zu werfen, wobei wir Gelegenheit finden werden, einige Rückblicke zu thun, freilich nicht ohne gleichzeitig zu einigen Anticipationen genöthigt zu sein.

Es flechten sich durch den ganzen Dialog eine Reihe von Aeusserungen und Andeutungen über das Wesen der didaktischen Rede, zumeist angeknüpft an eine offene oder versteckte Kritik der sophistischen Redeweise, ja zuweilen in eine solche eingehüllt. Den Aeusserungen gänzlicher Verachtung der Bücher 329 A und der langathmigen Reden der Rhetoren, für die es keine innerlich nothwendige sondern nur eine willkürliche Grenze, keinen Schluss sondern nur ein Ende gebe [16]); der entschiedenen Abweisung ferner, welche Sokrates über die Besprechung von Dichterwerken ausspricht 347 E, weil man dabei unmöglich zu einer Wahrheit gelangen könne: diesem allem entspricht als positive Kehrseite die Forderung, den mitzutheilenden Gedankenvorrath in kurze und übersichtliche Worte zusammenzufassen und so die Selbstthätigkeit des Anderen nicht nur in dessen Interesse zu ermöglichen, sondern auch im Interesse der Sache selbst und der eigenen Förderung Schritt vor Schritt herauszufordern, damit das Lehren sich verkehre in ein gemeinsames Auffinden der Wahrheit und in eine gegenseitige kritische Controle und Unterstützung auf dem Wege zu derselben. Wenn Sokrates sich für vergesslich und längeren Reden zu folgen unfähig erklärt, so sieht Jedermann die Ironie (vergl. 336 D); aber im Grunde ist damit doch etwas sehr Ernstliches gemeint: er lehnt sich dagegen auf, dass jene langen Reden die Rücksicht auf den Hörer und die eigentliche Förderung der Sache ausser Augen setzen und nicht selbst darauf dringen, dass ihnen der Andere mit strenger Kritik bei jedem Schritte auf der Ferse bleibe, auf dass das Resultat als ein durch doppelte Strenge gefundenes feststehe. Diess aber eben ist es, wovon Sokrates ein so leuchtendes, so erweckliches Beispiel giebt, kein anderes Interesse kennend als das der Wahrheit, mag ihre Auffindung nun für ihn, mag sie für den Gegner empfindlich ausfallen. — Mit

---

[16]) Vergl. 328 D, wo Sokrates erwartet, dass Protagoras noch weiter fortfahren soll, also keinen Grund findet, die Rede für geschlossen anzusehen.

dieser Bedeutung jener Zwischenreden, welche vollständig zu würdigen, wie schon bemerkt, hier der Ort nicht ist, geht aber ein anderes Interesse Hand in Hand, das mimisch-dramatische, und zwar so, dass, wenn man den Blick nicht auf den Gesammtinhalt des Dialogs geheftet hält, dieses das inhaltliche bei Weitem zu überwiegen scheinen kann. — Auf den ersten Anblick könnte die kleine Episode als ein retardirendes Moment im Gange des Ganzen erscheinen. Allein bei näherer Betrachtung bezeichnet doch auch sie einen dramatischen Fortschritt. Vor Allem dient sie in passendster Weise dazu, Untersuchungen abzubrechen, welche weiter auszuführen und fortzuspinnen um so ermüdender gewesen wäre, als der Leser sich das Uebrige leicht selbst ergänzt. Aber sie bricht nicht nur ab, diese Episode: sie bereitet auch das Neue, Kommende vor und führt eine Reihe der Nebenpersonen auf den Schauplatz, welche in verschiedener Weise die Eindrücke zu erkennen geben, die das Vorangegangene zurückgelassen hat. Kallias ist es vor Allem um Wahrung des äusseren Fortgangs zu thun, innerlich hat er ziemlich deutlich für Protagoras Partei genommen; Prodikos kommt über seinen synonymischen Interessen kaum dazu, seine Ansicht klar auszusprechen, doch scheint er parteilos; Hippias dagegen möchte besonders den äusseren Anstand betont wissen und sehnt sich mehr nach einem echten Redekunstgefecht in optima forma, Alkibiades endlich vertritt mit kecker Energie und nicht ohne scharfe Seitenblicke auf Protagoras des Sokrates Ansichten, während Kritias der allgemeinen Gespanntheit auf Fortsetzung des Gespräches Worte leiht. Nicht unwichtig ist es, dass wir hier wenigstens einigermassen einen Einblick gewonnen haben in Prodikos' Richtung, von dem wir bisher doch nicht viel mehr wussten, als dass er Prodikos heisst und kränklich ist, da der Gegenstand seines Gespräches im Seitenzimmer durch den Wiederhall für Sokrates unverständlich geblieben war. Hier ist ganz die rechte Stelle diess nachzuholen, da es für das Folgende dienlich erscheinen musste, dass der Leser über Prodikos orientirt sei.

So viel über diese Zwischengespräche, welche uns den Weg gebahnt haben für die Betrachtung

3. der Erklärung des Simonideischen Gedichts 338 E — 348 A. Protagoras übernimmt, dem Vorschlage des Sokrates gemäss, die Rolle des Fragenden und lenkt die Untersuchung auf ein ihm bekanntes und geläufiges Gebiet, die Besprechung eines Simonideischen Gedichts, das auch Sokrates genau zu kennen angiebt und als vortrefflich lobt. Dem gegenüber sticht Protagoras in demselben einen Widerspruch auf, indem der Dichter erst selbst es schwer nenne, gut zu sein, dann aber den Ausspruch des Pittakos tadle, der etwa dasselbe besage. Sokrates, wie er selbst gesteht, hierüber betroffen und weder einen Ausweg alsbald findend noch auch zu einer Erklärung sich unfähig zu bekennen gewillt, sucht zunächst unter Prodikos' Herbeiziehung mit einigen synonymischen Ausflüchten Zeit zur Ueberlegung zu gewinnen. Aber die erste dieser Ausflüchte weist Protagoras mit der ganz richtigen Bemerkung zurück, dass sie an Stelle des einen Uebels ein anderes grösseres setze. Dieser Einwand ist vollkommen berechtigt und verstösst keinesweges gegen alle Interpretationskunst, wie Susemihl[17]) behauptet; denn es handelt sich allerdings um eine Rechtfertigung des Simonideischen Gedichts, indem Sokrates dasselbe als καλῶς τε καὶ ὀρθῶς πεποιημένον bezeichnet hat und um dieses Wort nicht zurücknehmen zu müssen (er wiederholt es sogar 343 A), eben in künstliche Deutungen sich einlässt. Sicher würde jener Susemihlsche Vorwurf den Sokrates nicht weniger treffen, der 343 E ein sehr künstliches Hyperbaton annimmt, weil sonst ein dummer Gedanke herauskomme. Unter diesen Umständen ist also des Protagoras Einwurf nichts weniger als unberechtigt. Der andere Einwand gegen die zweite noch schwächere Ausflucht

---

[17]) Susemihl Genet. Entwickelung der plat. Philosophie Bd. I, S. 51.

richtet sich mit Ernst gegen Prodikos, der allem Sprachgebrauch zum Trotze die Synonymität von χαλεπός und κακός behauptet hatte. Sokrates lässt beide alsbald fallen, ja er versetzt der letzteren selbst noch den Todesstoss und gesteht ein, dass diese Erklärungsversuche nur zum Schein seien von ihm vorgebracht worden; nun aber wolle er seine Gedanken über das Gedicht entdecken, um zu zeigen, wie er »περὶ ἐπῶν« bestellt sei. In längerer Rede giebt er eine zusammenhangende Erklärung des Gedichts. Unter handgreiflicher gegnerischer Rückbeziehung auf die Auslassungen des Protagoras über Alter und Natur der Sophistik gleich im Anfang des Gesprächs, stellt er seinerseits als die älteste und bedeutendste Philosophie die kretisch-lakedämonische dar, die ihre Stärke nicht in langen Reden, wohl aber in der Fähigkeit suchte, einen bedeutenden Inhalt in kurzen, schlagenden und treffenden Sätzen auszudrücken. Es ist klar genug, dass Sokrates, wie Protagoras die Ahnen seiner Sophistik aufgezählt hatte, nun gleichfalls für seine βραχυλογία Gewährsmänner höchsten Ruhmes aufzustellen bemüht ist. Als solche nennt er die sogenannten sieben Weisen und macht durch den von Simonides in jenem Gedichte bekämpften Ausspruch eines unter ihnen den Uebergang zu seiner eigentlichen Aufgabe, indem er zunächst behauptet, das ganze Gedicht sei gegen diesen Ausspruch gerichtet (χαλεπὸν ἐσθλὸν ἔμμεναι). — Es würde uns zu weit führen, dem Sokrates hier in alle Einzelheiten der Interpretation zu folgen, zumal ein wirklicher Gewinn davon für unseren Zweck kaum zu erwarten stünde, und ich bald zu zeigen hoffe, wie eine einfache Ueberschau der von Sokrates heraus- oder hineininterpretirten Gedanken hier genügend ist. Es sind diess aber etwa die Folgenden: »Gut zu werden ist schwer, doch auf Zeit nicht unmöglich; in der Tugend aber zu verharren ist nicht schwer, sondern unmöglich für Menschen und wird nur Göttern zu Theil. Den Menschen aber bringt Unglück auch zum sittlichen Fall, das wahre Unglück aber ist, der Weisheit (ἐπιστήμη) beraubt zu sein, wenn man zuvor gut gewesen. So ists denn unmöglich, immer bei der Tugend zu bleiben; am längsten aber für die, denen die Götter gewogen sind. Drum suche keinen vollkommenen Menschen: wenn einer nur nicht schlecht ist, genügt es mir und ihn tadle ich nicht.« Gelegentlich wird sonst noch bemerkt, wie Niemand freiwillig Schimpfliches thue, wohl aber, wenn ihm Nahestehende Unrecht gethan, doch es hinter Lob und Zuspruch zu verbergen suche. — Diess ungefähr ist es, was Sokrates in dem Gedichte findet, oft genug freilich an das Goethesche Wort gemahnend: »Im Auslegen seid frisch und munter! Legt ihrs nicht aus, so legt was unter!« (III 57). Hippias belobt seine Auseinandersetzungen, ist aber bereit, alsbald eine andere Erklärung vorzulegen, Alkibiades jedoch weist ihn ab mit der Bemerkung, dass dazu später Zeit sei; jetzt sei das nächste Interesse die Fortsetzung des Gesprächs zwischen Sokrates und Protagoras. Sokrates lässt sich zu derselben alsogleich willig finden, wünscht aber Rückkehr zu dem ersten Gegenstande der Unterredung, indem er die Dichter-Erklärung der bereits erwähnten scharfen Kritik unterwirft, da man in ihr zu einer Gewissheit gar nicht gelangen könne und es überhaupt ein Zeichen von Geistesarmuth sei, für das Gespräch zu ihr seine Zuflucht nehmen zu müssen. Mit diesen Worten ist bereits der Uebergang angebahnt zu dem letzten Theile des Dialogs, dem zweiten Gespräch mit Protagoras. Für uns aber bleibt, ehe wir zu dessen Betrachtung übergehen, vor Allem die Frage zu erörtern, welche Motive wir bei dem Schriftsteller für die Einflechtung dieser Gedichtserklärung vorauszusetzen haben.

Es ist schon oben bemerkt worden, dass die Einleitung zu der Erklärung eine versteckte Entgegnung sei auf protagorische Auseinandersetzungen, und dieser Gesichtspunkt bietet sich denn auch zunächst für die Auffassung des Ganzen dar. Sokrates zeigt durch sein eignes Beispiel, dass einem Menschen von wahrhaft methodischer Durchbildung, wie er selbst ist, je nach seinem Belieben auch alle Künste sophistischer μακρολογία und gewaltsamer Interpretation, mit Einem Worte alle Hilfsmittel des Scheinbeweises zu Gebote stehen, während der sophistische Standpunkt in Protagoras die glänzendste Unfähigkeit wahrer philosophischer Methode deutlich an den Tag gelegt hatte. So würden die Motive denen sehr ähnliche sein, welche Sokrates selbst im Phaidros für die erste der dort von ihm gehaltenen Reden angiebt. Allein es ist klar, dass hiermit die Sache noch nicht als abgethan gelten kann; denn wenn wir die bisherige Entwickelung des Dialogs im Ganzen betrachten, so würde dieser Abschnitt, wenn diese Gesichtspunkte als die allein massgebenden müssten betrachtet werden, vollständig aus dem Zusammenhange herausfallen, er würde nur eine formale Bedeutung haben und der inhaltlichen völlig entbehren. Dass hiervon aber das gerade Gegentheil der Fall ist, dass dieser Rede des Sokrates vielmehr für den Gedankengehalt des Dialogs eine besondere Bedeutung zuzuschreiben ist, das wird schon durch die Natur der darin niedergelegten Ideen wahrscheinlich. Es kommt aber dazu, dass, wie sich zum Theil schon aus dem Obigen ergiebt, es ganz augenscheinlich dem Sokrates mit seiner Erklärung, als Erklärung genommen, nichts weniger als Ernst ist. Schon seine Behauptung, dass sich in der Erklärung der Gedichte zu einem erweislich Wahren nicht gelangen lasse, könnte darauf führen. Hierzu gesellt sich aber noch die augenscheinliche Andeutung, welche in jenen Ausflüchten gegeben ist, die Sokrates macht, um Zeit zur Ueberlegung zu gewinnen. Er zeigt damit ziemlich deutlich, dass er den Widerspruch im Gedichte anerkenne oder doch wenigstens nicht recht zu beseitigen wisse, und dass es ihm hier nur darauf ankomme, der Silbenstecherei des Protagoras gegenüber sein Lob des Gedichtes durchzufechten, ein Verfahren, dem er das scheinbar Unsittliche dann durch die Kritik nimmt, die er an der ganzen Dichterauslegung als solcher übt. Den letzten und beweisenden Entscheid aber geben die zum Theil ziemlich unehrlichen Interpretationskünste, die Sokrates anwendet. Man hat dagegen die Neuheit grammatischer Erklärung in jener Zeit entschuldigend eingewandt, und gemeint, dass diese dergleichen Irrthümer erklärlich mache; allein man könnte diesen Einwand mit gleichem Rechte umkehren, und behaupten, dass, je weniger die grammatische Erklärungsweise ausgebildet und populär geworden war, um so lebendiger der Sinn naiven Verständnisses sprechen musste, während jene Umdeuteleien des Sokrates, wären sie ernstlich gemeint, nur Ausgeburten einer entarteten, des einfach naiven Verständnisses verlustig gegangenen Zeit sein könnten. — Was den wahren Sinn jenes Gedichtes betrifft, indem wir einen so grellen Widerspruch wohl kaum als thatsächlich vorhanden annehmen dürfen, so ist er allerdings kaum mit Sicherheit zu bestimmen, da wir weder den vollständigen Bestand desselben vor uns haben, noch die ursprüngliche Anordnung mit Gewissheit kennen. Doch scheint es nicht unwahrscheinlich, dass die gegen Pittakos gerichteten Worte eine Steigerung gegen das Vorhergehende enthalten, so dass der Gedanke etwa der wäre: Es ist schwer, wahrhaft gut zu sein und in jeder Beziehung tüchtig. Hier sind nun einige ausführende und begründende Zeilen ausgefallen, nach denen der Dichter etwa fortfahren würde: aber auch das ist nicht genug gesagt, obgleich es des Pittakos Autorität für sich hat; es ist nicht schwer, sondern unmöglich gut zu sein: diess sind nur Götter u. s. w. Doch ist die Sache immerhin zweifelhaft und kann auch hier füglich dahin gestellt bleiben. — Darf nun aber so viel als erwiesen angesehen werden, dass die Auslegung des Gedichtes, als Auslegung betrachtet, weder von Sokrates noch demgemäss von Platon ernstlich gemeint sein kann, dass aber die herausinterpretirten Gedanken völlig mit dem übereinstimmen, was Sokrates sonst in dem Dialog als seine Ueberzeugung vertritt (über einige kleine Nüancen, die über ihn hinauszugehen scheinen, wird unten gesprochen werden): so erhellt, wie Platon dieses Gedicht nur benutzt hat, um daran in freier Weise, wie er sonst etwa nur in den Mythen thut, ungebunden von den Fesseln streng methodischer Darstellung, einen Gedankengehalt zu knüpfen, von dem es ihm wichtig war, ihn für die Behandlung ethischer

Probleme im Verlaufe des Werkes gewissermassen als Hintergrund zu wissen. Die Unvollkommenheit aller menschlichen, die alleinige Vollkommenheit der göttlichen Tugend, die Bezeichnung des Unglücks als eines Schlechterwerdens, und dessen als eines Verlustes der Weisheit: das alles sind Gedanken, die allerdings ausserhalb des methodischen Untersuchungsganges lagen, der sich an das Hauptproblem des Dialogs knüpft, die aber doch Perspektiven eröffnen, die dem Leser Veranlassung werden müssen, auch in ihrem Lichte jenes Problem zu betrachten und seine Behandlung zu prüfen. — Wie endlich

4. das zweite Gespräch des Sokrates mit Protagoras 348 B — 362 A sich anspinnt, ist schon vorher gezeigt worden. Nach einer scharfen Bemerkung, die Alkibiades an Kallias richtet, erklärt sich der erst widerwillige Protagoras endlich bereit, auf ein Gespräch einzugehen, und zwar die Rolle des Antwortenden dabei zu übernehmen. Sokrates nimmt die früher erörterte Frage nach dem gegenseitigen Verhältnisse der Theile der Tugend mit einer kurzen Recapitulation wieder auf. Protagoras giebt es jetzt als seine Meinung, dass Weisheit, Besonnenheit, Frömmigkeit, Gerechtigkeit sich sehr nahe verwandt und ähnlich seien, während die Tapferkeit diesen als ein Heterogenes gegenüberstehe. Dem setzt Sokrates den Beweis entgegen, dass wie die übrigen, so auch die Tapferkeit ein Ingrediens von Weisheit birgt, indem ohne diese die Kühnheit nichts sei als Tollheit. Er schliesst aber aus seinen Prämissen zu viel, wenn er ohne Weiteres Identität von Weisheit und Tapferkeit folgert. Wenigstens wird hier das Element, durch welches die Weisheit zu Tapferkeit oder vielmehr welches durch die Weisheit zu Tapferkeit wird, in einer Weise vernachlässigt, welche der darauf folgenden Remonstration des Protagoras eine gewisse Berechtigung giebt. Dieser legt seinerseits den Nachdruck darauf, dass neben der Lehre und Erziehung auch eine natürliche Voranlage Faktor der Tapferkeit sei. Wenn ich diese Andeu-

tungen richtig verstehe, so ist damit eine höchst beachtenswerthe Auffassung der Tugend angebahnt, an die das dritte Buch der Politeia manchen Anklang enthält. Sokrates erwiedert zunächst Nichts, sondern holt weiter aus zu einem neuen Beweise für die Identität von Tapferkeit und Weisheit, indem er zuerst zu zeigen sucht, dass $\dot{\eta}\delta\dot{v}$ und $\dot{\alpha}\gamma\alpha\vartheta\dot{o}\nu$, $\varkappa\alpha\varkappa\dot{o}\nu$ und $\dot{\alpha}\nu\iota\alpha\varrho\dot{o}\nu$ sich decken; jeder Mensch nämlich strebe danach, angenehm und ohne Leid sein Leben zu verbringen; er müsse daher immer das thun, was ihm die grösste und dauerndste Lust verspreche; woher es denn komme, dass man häufig, wolle man recht handeln, das augenblicklich Unangenehme ergreifen müsse, weil eine künftige, länger andauernde Lust daraus sich zu ergeben verspreche. Wenn man aber sage, man habe, durch die Lust besiegt, dasjenige gethan, was dauernde Unlust zur Folge habe, so sei diess eben eine falsche Anschauung; es liege hier nichts zum Grunde als Unkenntniss, oder Unfähigkeit Lust und Unlust richtig gegen einander abzumessen. Diess aber zu verstehen: das sei die Fähigkeit das Gute zu thun, oder die Tugend, welche sich somit auf Eine Kenntniss oder Weisheit zurückführe. Wenn nun Furcht die Vermuthung oder Ahnung eines Uebels ist und Niemand das ergreift, was er fürchtet, so zeigt sich aufs Neue, dass Niemand dem sich naht, was er für übel hält, die Möglichkeit es zu fliehen vorausgesetzt. Hier knüpft Sokrates an die frühere Untersuchung wieder an. Dort hatte Protagoras die Tapferen dreist und »drauflosgeherisch« genannt. Sokrates fragt nun, ob sie auf das Furchtbare loszugehen pflegten, die Feigen aber auf das Sichere. Es zeigt sich, dass das unmöglich ist, dass der Tapfere vielmehr das ergreife, was er für recht, schön und darum angenehm erkenne, der Feige aber eben dasselbe bloss deshalb nicht ergreife, weil er es nicht als solches erkenne. So zeigt sich, dass auch der Tapferkeit eine Erkenntniss, der Feigheit ein Mangel daran zum Grunde liege und dass die Tapferkeit somit den übrigen Tugenden homogen sei. — Nur aus Höflichkeit, behauptet Protagoras, erkenne er diese letzten Schlussfolgerungen an, Sokrates aber macht noch Ein Mal darauf aufmerksam, welche gegensätzliche Umwandlung ihre beiderseitigen Ansichten im Laufe des Gesprächs erfahren haben und bekennt sich zu dem Wunsche, das Wesen der Tugend und die Frage nach ihrer Lehrbarkeit noch Ein Mal einer gründlichen Untersuchung gemeinschaftlich mit Protagoras zu unterziehen. Dieser lässt des Sokrates tüchtigem Wahrheitsstreben Gerechtigkeit widerfahren und spricht die Hoffnung auf einstige Bedeutung desselben aus, erklärt sich aber jetzt zur Fortsetzung der Unterredung verhindert.

Schauen wir zurück auf den allgemeinen Charakter dieses letzten Abschnitts, so kann uns nicht entgehen, dass er sowohl in inhaltlicher als formeller Weise durchaus den Charakter eines wahrhaften und wohlangelegten Schlusses trägt: inhaltlich; denn es werden die in der ersten Unterredung angezeddelten Fäden hier fort- und wenigstens insoweit zu Ende gesponnen, als der einmal eingenommene Standpunkt es zulässt. Doch bewahrt die Untersuchung auch bis zu Ende den eigenthümlich anregenden und Entfernteres andeutenden Charakter. Indem Protagoras trotz des scheinbar zwingenden Beweises doch der Beistimmung sich weigert und Sokrates solche Weigerung indirekt anerkennend seinen Wunsch nach nochmaliger Aufnahme der Untersuchung ausspricht, lässt das Gespräch in der Seele des Lesers einen Stachel zurück zu genauer prüfender Wiederbetrachtung der vorgetragenen Gedanken, welche denn nicht anders könnte als zu einer Kritik des ganzen Standpunkts führen. Schon auf das Gebiet des Formellen oder Dramatischen spielt es hinüber, dass durch die Schlussunterredung auch das Bild der Ansichten der beiden Hauptunterredner zu abschliessender Vollendung geführt wird; ganz dahin aber gehört es, dass auch ihre ethischen Charaktereigenthümlichkeiten gerade hier wieder lebendig sich gegenübertreten; in beiden ist ein psychologischer Process vor sich gegangen, den Sokrates mit klarem Bewusstsein in ein helles

Licht stellt. Es liegt derselbe für Protagoras mehr am Tage als für Sokrates; dass er aber auch bei diesem nicht fehle, hoffe ich trotz dem Widerspruche vieler Forscher jetzt zu erweisen, wo es mir obliegt, über die Charakteristik und die ganze dramatische Scenerie des Werkes einen kurzen Ueberblick zu geben. Ich beginne mit der Betrachtung desjenigen, nach dem der Dialog den Namen trägt.

Protagoras ist eine von den platonischen Figuren, welche von den Forschern mit entschiedener Ungunst behandelt zu werden pflegen; eine genauere Betrachtung der in dem Dialog vorhandenen Unterlagen muss uns lehren, in wie weit das meist abfällige Urtheil über ihn in Platons Schilderung begründet ist.

Es lässt sich allerdings nicht verkennen, dass die ungünstigen Züge in dem Bilde des Sophisten von dem Schriftsteller nicht gespart worden sind. Ziemlich unverhohlen wirft ihm Sokrates eine banausische Geldgier vor; denn wenn dieser 310 D sagt, Protagoras werde den Hippokrates gewiss zum Schüler annehmen ἂν αὐτῷ διδῷ ἀργύριον καὶ πείθῃ ἐκεῖνον, so ist das Geld hiebei wohl nicht weniger bedeutsam vorangestellt, als in unserer vulgären Redensart »für Geld und gute Worte«. Ja weiter unten sagt er sogar ausdrücklich, sie würden ihn durch ihr Geld überreden, ihn anzunehmen, wo dann noch durch die Setzung der Möglichkeit, des Hippokrates Vermögen könne hierzu vielleicht nicht ausreichen, ein verwerfender Seitenblick auf die hohen Honorare geworfen wird, die Protagoras sich zahlen liess. Er ist ferner, wenn man auch an Erscheinungen des Alterthums den Massstab moderner Prüderie nicht anlegen darf, doch nicht frei von Eitelkeit. Die Art und Weise, wie er von sich und seinem Unterrichte redet 328 B, die von Sokrates gewiss nicht fälschlich ihm beigelegte Absicht, vor Hippias und Prodikos sich zu zeigen 317 C, sein unter Voraussetzung eigener Ueberlegenheit durchaus herablassender aufmunternder Ton gegenüber dem Sokrates, der durch die Altersdifferenz bei Weitem nicht entschuldigt ist, die Unlust, wichtige Untersuchungen da fortzusetzen, wo er die Gegner sich überlegen fühlt, so wie die sophistische Maskirung seiner Niederlage, auf der anderen Seite seine übermässige Neigung in längere Reden abzuschweifen, bei denen nicht das Interesse der Sache, sondern der Wunsch seine starke Seite herauszukehren obwaltet, die demselben Motiv entspringende Hinüberspielung der Untersuchung auf das Gebiet der Dichterauslegung: alles dieses lässt die obige Bezeichnung wohl gerechtfertigt erscheinen, indem es uns einen Mann zeigt, der sein Selbst dem Interesse der Idee nicht nachzusetzen weiss. Es kommt hierzu ein Mangel an Schärfe und Präcision des Gedankens, überhaupt eigentlicher philosophischer Methode, welche ihren Gegenstand rücksichtslos angreift und durcharbeitet. Aber dem gegenüber müssen wir zuerst auf die mancherlei entschuldigenden Momente aufmerksam machen, welche in dem Dialoge selbst gegeben sind. Vor Allem der ausserordentliche Ruhm, dessen Protagoras geniesst, malt sich schon in den einleitenden Gesprächen, in den Worten der Freunde des Sokrates wie in dem Drange des Hippokrates sein Schüler zu werden, während er doch so hohen Respekt vor ihm hat, dass er erst sich ihm allein zu nahen nicht wagt und dann bei der ganzen Unterredung nicht ein Wort verlauten lässt. Und sollte zuletzt eine derartige Ehrerbietigkeit, wie Protagoras' Anhänger und Freunde während des Hin- und Herwandelns ihm bezeugen, uns nicht damit aussöhnen, wenn er ein erhöhtes und mitunter ruhmrediges Selbstbewusstsein verräth? Schwerer wiegt seine Unfähigkeit echt methodischen Philosophirens. Aber wenn er seine Schwäche hierin nur zu sehr verräth, so kann man ihm andererseits weder Gedankenreichthum noch feine Beobachtung des menschlichen Treibens und Wesens, noch Ernst in seinen sittlichen Anschauungen, noch endlich eine Gabe anmuthiger, sinnvoller Darstellung absprechen. Möchten wir Sokrates einem Architekten vergleichen, der ein allseitig wohlbefestigtes und begründetes Gebäude aufzuführen bestrebt ist: so erscheinen des

Protagoras Reden etwa als der Steinbruch, aus dem das Material zu solchem Bau zu entnehmen wäre. In der That läuft das Bestreben des Sokrates im Verlaufe des Dialogs zu einem guten Theil auf nichts Anderes hinaus, als die Anschauungen, welche Protagoras in bunter Mannigfaltigkeit und ziemlich loser Form in seiner ersten längeren Rede dargelegt hatte, principiell zu begründen, zu restringiren und somit auf ihren wahren philosophischen Gehalt zurückzuführen. In wie weit diess als gelungen und abgeschlossen betrachtet werden darf, davon wird später die Rede sein müssen. Jedesfalls ist jedoch darauf kein zu grosses Gewicht zu legen, dass im Einzelnen Manches nicht bloss zu begründen, sondern auch zu berichtigen bleibt; wenn aber Protagoras am Schlusse, obgleich er den einzelnen Prämissen zugestimmt, doch der Anerkenntniss des Ergebnisses sich weigert, so wird man darin nicht ohne Weiteres bloss eine sittliche Schwäche zu sehen haben. Jedem und vor Allem einem Manne, der wie Protagoras so hauptsächlich auf eine mehr sporadische Gedankenproduction und so wenig auf eine verstandesmässige Durcharbeitung seiner Ideen gestellt ist, begegnet es, dass er sich mit seinem eigenen Verstande in Widerspruch versetzt, dass er sich ausser Stande sicht, das Endresultat eines Beweises anzuerkennen, dessen einzelnen Argumenten sein Verstand sich nicht zu entziehen wusste (vergl. Gorg. 513 C). Es verräth diess sicher einen Mangel an Durchbildung, aber sicher auch nicht nothwendig mehr, nicht nothwendig eine rechthaberische Gesinnung, ja es hat häufig die Ahnung einer höheren und reineren Wahrheit zum Hintergrunde, die entweder über das Bereich verstandesmässiger Demonstration hinausliegt oder deren Deduction aus Principien die Tragweite unseres Könnens überschreitet. Ob und in wie weit solche Beobachtungen im vorliegenden Falle heranzuziehen sind, werden erst spätere Zusammenhänge uns lehren können. Hier stehe vorläufig nur die Bemerkung, wie fein gewählt ein derartiger Charakter, wie wir ihn in Protagoras kennen gelernt haben, als Antagonist des Sokrates ist.

Hier ist nichts von dem plumpen und unverhohlenen Materialismus eines Kallikles, nichts von der ungegohrenen Absprecherei eines Polos: ein wohlerfahrener, feinsinniger Mann tritt dem Sokrates entgegen und diesem stellt sich die in ihrer Feinheit schwierige Aufgabe, dieses Mannes Ansichten, die ihm gewissermassen als ungeordnetes Material entgegengetragen werden, zu begründen, in sich zu harmonisiren und somit gleichsam über sich selbst hinauszuführen. Man sieht wie fein und originell der Conflict gewählt ist, zugleich, wie folgerichtig er aus dem Zusammentreffen der beiden Hauptcharaktere sich entwickelt, von denen uns nun noch Sokrates näher zu betrachten übrig ist.

Man pflegt den platonischen Sokrates meist so aufzufassen, als habe Platon in ihm sein Philosophenideal schlechthin schildern und ihm diejenige Meinung stets in den Mund legen wollen, welche er selbst für die Wahrheit hielt. Man kann diess ohne Weiteres für Eines anerkennen, für die Handhabung der philosophischen Methode. Was diese anbetrifft, so ist Sokrates in den Dialogen, in welchen ihm die Hauptrolle zugetheilt ist, stets mit einer Meisterschaft in ihrer Anwendung ausgestattet, die ihm denn auch die Ueberlegenheit über jeden Gegner sichert, und zwar nicht bloss, wo er in seinem eigentlichen Elemente, dem Dialoge, sich bewegt und durch sinnig gestellte Fragen den Gegner zur Anerkennung seines Inductionsbeweises zwingt, sondern auch, wo er in längeren Demonstrationen sich ergeht. Auch hier zeigt er eine Beherrschung des Stoffes, eine Volubilität des Gedankens, eine Lebendigkeit der Darstellung, welche auf Schritt und Tritt die Selbstthätigkeit des Lesers oder Hörers sich zu erzwingen weiss, vor Allem aber ein so rückhaltloses, einzig auf die Wahrheit gerichtetes Streben: dass, von dieser Seite angesehen, die Bezeichnung als Idealfigur gar wohl als gerechtfertigt erscheint. Und doch trifft sie das Wesen der Sache sehr wenig; denn der platonische Sokrates, wenigstens einer Reihe von Dialogen, ist viel zu sehr Portrait, trägt viel zu viel des Individuellen an und in sich, als dass er einfach als ein Philosophenideal könnte gefasst werden; er erscheint vielmehr als ein in echt künstlerischer Weise idealisirtes Portrait, als ein Σωκράτης καλὸς καὶ νέος γεγονώς, wie es der zweite der angeblich platonischen Briefe ausdrückt. Wenn irgend wohin, so passt diese Bezeichnung auf den Sokrates wie er in unserem Werke auftritt, wo das νέος γεγονώς nicht nur im geistigen sondern auch im äusserlichen Sinne seine Wahrheit findet. Ueberall tritt er hier mit einer überlegenen Methode hervor und führt die Behauptungen des Protagoras auf das Mass des methodisch Erweislichen zurück, auch hierin dem historischen Bilde des Sokrates treu, der den Stoff zu dialektischen Untersuchungen wohl aufzugreifen aber nicht selbst vorzulegen pflegte. Unermüdlich, wo es die Erforschung der Wahrheit gilt, unerschöpflich in feinen und liebenswürdigen Wendungen, um den Gegner zum Eingehen auf seine Art der Untersuchung oder zur Fortsetzung des Gesprächs zu bewegen, schalkhaft ironisch, wo es einen Irrthum vorzurücken, eine Schwäche aufzudecken giebt, ernst und würdig, wo er den jüngeren Freund auf unbesonnenem Wege sieht; gewandt endlich und schlagfertig, mit voller Beherrschung aller Künste des Scheins, wo es sich nicht um die Wahrheit an sich, sondern darum handelt, den Gegner mit seinen eigenen Waffen und auf seinem eigenen Gebiete zu schlagen: das sind ungefähr die hervorstechendsten Züge in dem Bilde, über das zudem noch der Hauch vollster innerer Heiterkeit und Harmonie und eines reinen selbstlosen Gemüths ausgegossen ist. Finden wir hier neben eigenthümlich poetischer Idealisirung doch, soweit ein Urtheil möglich ist, die höchste historische Treue, so sehen wir diese nicht minder gewahrt, was das Materielle der von Sokrates vertretenen Ansichten anbetrifft. Der Nachweis der Einheit der Tugend in der Weisheit, die eudämonistische Identificirung des Guten und Angenehmen oder Nützlichen sind vollkommen im Geiste wenigstens derjenigen Lehre, die Xenophon dem Sokrates in den Mund legt und an deren Historicität im Grossen und Ganzen wir zu zweifeln kaum Veranlassung haben. Der Kern der in dem Dialog von Sokrates vorgetragenen Ansichten ist ja kein anderer als das grosse Grundthema aller sokratischen Ethik: »οὐδεὶς ἑκὼν πονηρός«[18]). Was etwa über den historisch-sokratischen Standpunkt hinausliegt — und dessen ist so Manches —, das ist mit grossem Geschick theils dem Protagoras andeutend in den Mund gelegt, theils in die Gedichtserklärung verwiesen, wo es wenigstens zu einem Theile auf Simonides' Rechnung kommt. Uns interessirt hier besonders noch die Eine Frage, in wie weit in Sokrates' Ansichten innerhalb des Dialogs eine Veränderung vorgehend zu denken ist. Man sieht leicht, dass diese Frage mit derjenigen zusammenfällt, ob die anfänglich ausgesprochenen Zweifel an der Lehrbarkeit der Tugend ernstlich gemeint oder nur gleichsam versucherisch und mit Ironie vorgebracht seien. Man pflegt sich sehr einfach bei dieser letzteren Auffassung zu beruhigen; auch lässt sich nicht leugnen, dass sie Vieles für sich anführen kann. Schon der lange, eben so fein angelegte als streng durchgeführte mittelbare Beweis für die Lehrbarkeit der Tugend, indem von ihr gezeigt wird dass sie in der Weisheit aufgehe, macht die Annahme beinahe nothwendig, dass Sokrates schon von allem Anfange der zuletzt von ihm getheilten Ansicht gewesen sei. Von dem höchsten Interesse aber für diese Frage ist das Vorgespräch des Sokrates mit Hippokrates, indem es darin an bezüglichen Andeutungen, freilich auch nur Andeutungen nicht fehlt. Es ist schon oben in anderem Zusammenhange darauf aufmerksam gemacht worden, dass die Stelle 312 C, wo von dem Sophisten gesagt ist, er mache über dasjenige zu reden tüchtig, über was er Kenntniss besitze, und die andere 313 E, wo Sokrates sagt, Hippokrates dürfe dann sich geruhig Lehren erhandeln, wenn er ἐπιστήμων τούτων τί χρηστὸν καὶ πονηρὸν sei, dass diese Stellen, sage ich, eine vorbereitende Hindeutung auf das Haupt-

---

[18]) Vergl. Aristot. Eth. Nik. 3, 7. M. Morr. 1, 9.

problem des Dialogs enthalten. Für die zweite scheint es eines Beweises nicht zu bedürfen; von der ersten wird es deutlich, wenn man beachtet, dass die Sophisten allgemein sich als Tugendlehrer gaben. Ist diess aber richtig, so ist damit zugleich zugestanden, dass die Ansicht von der Lehrbarkeit der Tugend bei Sokrates von vorn herein feststeht. Sollte aber deshalb sein 319 A B gemachter Einwand wirklich nicht ernstlich gemeint sein? Sollte er wirklich in Einem Athem einen nur fingirten Einwurf vorbringen und doch bekennen: »οὐ γάρ τι ἄλλο πρός γε σὲ εἰρήσεται ἢ ἅπερ νοῶ? Betrachten wir also den Einwand selbst näher. Sokrates sagt: ἐγὼ τοῦτο οὐκ ᾤμην διδακτὸν εἶναι. Worauf sich aber dieses τοῦτο bezieht, ist klar; es ist diess nichts anderes als die πολιτικὴ τέχνη oder das Geschäft des Protagoras, das da besteht in dem ποιεῖν ἄνδρας ἀγαθοὺς πολίτας. Diese Bürgertugend also ist es, von deren Lehrbarkeit Sokrates nicht überzeugt ist, wie er denn auch nur auf sie bezügliche Argumente vorbringt. Der Uebergang auf die eigentliche Tugend wird erst durch die Rede des Protagoras vermittelt, in der jene »Staatskunst« oder wie wir es sonst nennen wollen, auf ihre ethischen Basen αἰδώς und δίκη zurückgeführt wird. Hiermit stimmen auch die Worte des Sokrates nach Schluss jener Rede, in denen er sich davon überzeugt erklärt, dass es eine ἀνθρωπίνη ἐπιμέλεια (nämlich die von Protagoras geschilderte Erziehung) gebe, ᾗ ἀγαθοὶ οἱ ἀγαθοὶ γίγνονται. Freilich bleibt ihm noch ein Zweifel, die Frage nämlich, ob die Tugend Eine sei oder Theile habe. Dieser Zweifel ist so zu verstehen, dass für Sokrates die Tugend nur unter Voraussetzung ihrer Einheit (als Weisheit) lehrbar ist; Protagoras dagegen hatte die πολιτικὴ τέχνη zwar auf ethische Elemente zurückgeführt, aber doch so, dass sie als von den übrigen Tugenden getrennt gedacht werden kann und für Sokrates demnach ein principieller Erweis ihrer Lehrbarkeit immer noch nicht gegeben ist. Indem er aber gegen diese Annahme polemisirend sich richtet, löst er sich den obigen Zweifel selbst und zwar dahin, dass die Tugend als eine Eine und untrennbare lehrbar sei, die πολιτικὴ τέχνη aber lehrbar nur insoweit sein könne, als sie an dieser Einen Tugend participire und auf ihr beruhe, d. h. insofern sie eine (philosophisch-) bewusste, einsichtige sei. Es erhellt von selbst, dass hiermit stillschweigend eine Berichtigung und Weiterführung der protagorischen Anschauungen gegeben ist, wenn diese auch, wie wir unten sehen werden, noch ihre eigene tiefere Bedeutung haben. Das Verdienst aber, was der Sophist sich um Sokrates' Ansichten erwirbt, ist einfach dieses, dass er die Schranken niederreisst zwischen der Betrachtung der πολιτικὴ τέχνη und der Tugend im Allgemeinen. Auch sonst sind ihm mancherlei bedeutsame Worte in den Mund gelegt; ich erinnere nur an den Mythos, dem, wie Steinhart es schön ausdrückt[19]), der Gedanke zum Grunde liegt, dass »jene höheren Mächte, die das Leben der Menschen veredelnd zusammenhalten, Recht, Staat, Gesetz, fromme Scheu vor dem Heiligen und Liebe des Rechts, ohne welche die menschliche Gesellschaft sich aufreiben und in thierische Wildheit versinken müsste, einer höheren Ordnung der Dinge angehören und den Menschen nur von Gott kommen können.« Solchen Ideen gegenüber begreift man in der That kaum, wie K. F. Herrmann[20]) zu der Behauptung gekommen ist, dass, wo bei Platon die Sophisten zur Vertheidigung ihrer Ansichten redend und handelnd auftreten, ihre Lehren und Behauptungen einen so populären und mitunter trivialen Charakter zur Schau trügen, dass sie um derentwillen gar keinen Platz in der Geschichte der Philosophie verdienen würden. Allerdings muss selbst Protagoras dem reinen und edlen Sokrates als Folie dienen; allein auch sein Bild trägt so würdige, so bedeutende Züge, dass Sokrates an ihm einen unverächtlichen Gegner findet.

---

[19]) In seiner Einleitung zum Protagoras, Bd. 1, S. 422 der Müllerschen Uebers.

[20]) Plat. Phil. S. 192.

Ausser diesen beiden Hauptpersonen ist der Dialog noch mit einer Fülle von mehr oder weniger ausgeführten und hervortretenden Nebenfiguren ausgestattet, unter denen eine besondere Stelle der junge Hippokrates einnimmt, der die Veranlassung des ganzen Gesprächs wird. In wenigen aber charakteristisch treffenden Zügen hat Platon hier das Bild eines wohlgesinnten, ernst strebenden aber unklaren und mangelhaft gebildeten Jünglings gezeichnet. Mit sanguinischer Wärme ergreifend, was er ergreift, ist er bereit, sein und seiner Freunde Vermögen an ein Gut zu setzen, als welches nur unklar Redefertigkeit ihm vorschwebt. Sein kurzsichtiges Urtheil zeigt sich in der 312 C von ihm versuchten etymologisirenden Definition des Sophisten, und auch die folgende 312 D, die er vorbringt, leidet an einer neuen Unzulänglichkeit, auf welche aufmerksam gemacht er seine Unfähigkeit denn auch offen bekennt. Zu solcher kindlichen Offenheit stimmt die Art und Weise, wie er des Sokrates Tadel ob seiner Unbesonnenheit hinnimmt, und die Naivetät, mit der er erröthend seine Schaam ausspricht, wo er sich dazu bekennen soll, Sophist werden zu wollen; beachtenswerth ist dabei auch die schüchtern-hypothetische Wendung, deren er sich dort bedient. Im Ganzen zeigt er sich als einen candidus animus, der seine Unwissenheit eingesteht, wo er sie gewahr wird und sich für nicht mehr giebt als er ist; ein ernster Bildungstrieb beseelt ihn, wenn auch sein sanguinisches Temperament und seine jugendliche Wärme der erfahrenen Leitung bedarf. Zu Sokrates steht er in dem gemüthvollen Verhältnisse des Jünglings, der dem älteren Freunde ein aufrichtiges Vertrauen widmet, liebevolle Belehrung und entschiedene Zurechtweisung empfänglich entgegennimmt und sich seiner Hilfe und seines Beistandes ohne Ziererei bedient. Welch' schönes Schlaglicht dieses ganze Verhältniss auf Sokrates wirft, in welch' vortheilhaften Kontrast dieser gemüthlich-innige Verkehr desselben mit dem so weit unter ihm stehenden Jüngling zu dem äusserlichen Wesen tritt, das zwischen Protagoras und seinen ehrerbietigen Schleppträgern herrscht, ist schon angedeutet, und braucht nicht weiter ausgeführt zu werden: Platon hat diese Gegensätze so nahe aneinander gerückt, dass sie dem einigermassen aufmerksamen Blicke kaum entgehen können.

Ausser Hippokrates, der, wo Aeltere und Weisere reden, ein beharrliches Stillschweigen beobachtet, machen sich besonders die beiden anderen Sophisten, Hippias und Prodikos geltend. Hippias scheint seine Stärke in naturwissenschaftlichen und mathematischen Fragen zu haben; wenigstens finden wir ihn im Eingange in einem derartigen Vortrage begriffen, und ein Gleiches deutet der Seitenblick des Protagoras 318 E, so wie der Umstand an, dass unter seinen Zuhörern der Arzt Eryximachos sich befindet. Seine eigenen Reden charakterisiren ihn als einen redegewandten, doch eitlen und auf ruhmrediges Prunken gestellten Menschen, der zu schmeicheln nicht unter seiner Würde hält und tieferen sittlichen Wahrheitsinteresses entbehrt. Einen mehr humoristischen Eindruck macht Prodikos, obgleich er in würdigerem Bilde uns entgegentritt. Schon dass Sokrates hier wie anderwärts sich als seinen Schüler bekennt, muss ein Vorurtheil für ihn erwecken, wenn auch der Dialog sonst einen Einblick in seine bedeutenden Seiten nicht eröffnet, sondern ihn von seinen synonymischen Deuteleien als wie von einer fixen Idee eingenommen zeigt. Doch erscheint er frei von jener kleinlichen Eitelkeit, die an Hippias so unangenehm auffällt. Was die übrigen Figuren betrifft, den Sophistenmäcen, hier als Wirth wenigstens zum Theil vermittelnden Kallias, den raschen, oft scharfen Alkibiades, den neutralen Kritias und die stummen Zuhörer: so ist über sie schon im Obigen so viel bemerkt worden, als aus dem Dialog selbst zu entnehmen ist — innerhalb welcher Grenze diese Bemerkungen sich zu halten bestimmt sind.

Es ist schon oben bei der Darlegung des Gesprächsverlaufes angedeutet worden, mit welcher dramatischen Kunst, mit welcher Beherrschung so zu sagen der dramatischen Technik das Ganze des Dialogs angeordnet ist. Wir sahen, wie der Stoff mit einer Meisterschaft gehandhabt und vertheilt, bald nur in leisen Zügen angedeutet, bald in breiterer Untersuchung ausgeführt, diese dann plötzlich abgebrochen wird, um an anderem Orte und in anderer Weise wieder aufgenommen zu werden: dass man den Eindruck vollkommenster Reife und Durchbildung empfängt. Es lässt sich jene Meisterschaft aber noch weiter verfolgen. Zwar der Ton echtester ewiger Jugendfrische und zum Theil kecken Humors, der das Ganze durchweht, die plastische Abrundung der einzelnen Figuren, der Hauch einer poetisch verklärten Welt, der sich bei vollster innerer Wahrheit über den Vorgang breitet, das lässt sich wohl empfinden bei empfänglicher, unbefangener Lektüre; allein der wissenschaftlichen Zergliederung entziehen sich diese irrationalen Elemente. Einiges jedoch das besondere Wichtigkeit hat, sei hier hervorgehoben. Von wesentlicher Bedeutung für das Ganze erscheint es vor Allem, dass Platon auch dem Hintergrunde des dramatischen Vorgangs sein Recht hat angedeihen lassen. Ich meine hiermit nicht das Lokal allein, von dem wir, ohne dass doch die Darstellung je aus dem lebendig dramatischen Charakter heraus ins Beschreibende und Schildernde fiele, ein so deutliches, so anschauliches Bild erhalten, dass wir diesen äusseren Hintergrund der Handlung keinen Augenblick aus dem Bewusstsein verlieren; sondern ich denke hierbei auch an den lebendigen culturgeschichtlichen Hintergrund von Personen und Zuständen, auf den der Schriftsteller sein Werk aufgetragen und der es ihm ermöglicht hat, auch die Probleme und ihre Lösung echt dramatisch d. i. als ein Geschehen aufzufassen und darzustellen. Hier ist Alles bedeutsam gewählt: die Zeit, wo derartige Probleme durch die Sophisten scheinen aufgekommen zu sein, die Personen, welche theils die Bildungsstufe solcher Zeit charakterisiren, an die eine tiefere Auffassung und methodische Durcharbeitung anzuknüpfen hatte, theils das Publikum repräsentiren, welches die lehrenden Vertreter jener Bildungsstufe vor sich hatten, theils den Eindruck spiegeln, die der

Kampf der beiden verschiedenen Principien hervorruft; ferner die Zustände des Hauses, in dem die Scene vor sich geht, mit seinem Wirthe, dem Sophistenanhänger, an dem sich doch sehr wenig von der εὐβουλία περὶ τῶν οἰκείων und der πολιτικὴ τέχνη verspüren lässt, welche Protagoras mitzutheilen verspricht; dazu grössere und kleinere Scenen des Werks, so der Zwischenfall mit dem unfreundlichen Thürsteher und mancherlei einzelne Züge und Wendungen. Ueberhaupt ist Platon in diesem Werk unerschöpflich in solchen kleinen Zügen, welche meist keinem anderen Zwecke dienen, als dem, den Hergang zu veranschaulichen und zu verlebendigen, und das Interesse, welches so leicht der philosophische Inhalt ganz für sich zu absorbiren geneigt ist, auch auf das dramatisch-plastische Element gerichtet zu halten. Hierher möcht' ich zuerst das Festhalten an der einmal gewählten Tageszeit rechnen, demgemäss Hippokrates nach dem Bettgestell des Sokrates tastet, weil es noch dunkel ist 310 C und Sokrates noch nicht mit zu Protagoras gehen, sondern warten will, bis es Tag ist 311 A, während er nachher das Erröthen des Jünglings bemerken kann, weil schon ein Tagesschimmer sich zeigt 312 A. Dahin gehört ferner die Erwähnung des Sklaven im Vorgespräch 310 A, wie die Motivirung der späten Kunde von Protagoras' Anwesenheit durch das Entlaufen des Sklaven, der sehr bezeichnend mit dem Artikel und seinem Namen genannt ist 310 C, dahin die Notiz über Prodikos' Zimmer 315 D und seine darin verhallende Stimme 315 E 316 A, die Schilderung der Ordnung, in der Protagoras mit seinem Anhange hin und her wandelt 315 B, das Warten des Sokrates, nachdem Protagoras geendigt hat 328 D, die Art und Weise, wie Kallias den Sokrates zurückhält, ihn an Hand und Mantel fassend 335 D u. A. m. Unter einen ähnlichen Gesichtspunkt fallen die Wendungen, welche der Wahrscheinlichkeit der Wiedererzählung dienen; so wenn Sokrates von Protagoras sagt: ἤρξατο ἐρωτᾶν οὑτωσί πως 338 E oder 336 D μετὰ δὲ τὸν Ἀλκιβιάδην ὡς ἐγ' ᾧμαι Κριτίας ἦν ὁ εἰπών; oder wenn er sich mitten in der Erzählung an einen seiner Zuhörer wendet 316 A *A. ὁ καλὸς ὡς φῂς σὺ καὶ ἐγὼ πείθομαι.* Besondere Beachtung aber scheint es mir zu verdienen, dass auch in der Redeweise der einzelnen Personen eine wenngleich durch die Wiedererzählung gemilderte, speciell charakteristische Färbung kaum zu verkennen ist. Zwar, in Betreff des Prodikos könnte man zweifelhaft sein, ob man das Eigenthümliche seiner Reden auf Rechnung ihrer stilistischen Fassung oder ihres zum Theil contorten Inhaltes setzen solle; allein bei den beiden Hauptpersonen, Sokrates und Protagoras, kann ein solcher Zweifel kaum obwalten: bei diesen ist es ausser dem Inhalte auch ganz entschieden das stilistische Gepräge ihrer Persönlichkeit, welches ihre Reden unterscheidet. Freilich hat es, besonders was Sokrates betrifft, grosse Schwierigkeiten, eine nähere Charakteristik seiner ebenso eigenthümlichen wie naiven, von aller Manier freien Redeweise zu geben, und ich muss mich begnügen, auf Einen Punkt aufmerksam zu machen, der vor Allem bemerkt zu werden verdient: die häufig von ihm eingeflochtenen, direkten Reden, welche um so beachtenswerther erscheinen, als sie so nur im Munde des Sokrates vorkommen; ja er geht mitunter so weit, in die als direkt eingeführte Rede eines Anderen wiederum eine direkte eines Dritten einzufügen; so 354 E, 355 C, 356 A, 357 C. Andere Beispiele finden sich 318 C, 330 C, 344 A C, 346 C, 352 A, 353 A. Auch wo er einmal von Protagoras früher Gesagtes recapitulirt, bedient er sich der direkten Rede 359 B, und so liegt denn die Vermuthung nahe, dass Platon seine diegematische Dialogsform, diese neu von ihm geschaffene Kunstform, an eine Redeeigenthümlichkeit des Sokrates angeknüpft habe, die dessen Streben nach lebendiger Anchaulichkeit so sehr entspricht, dass wir wohl mit Fug und Recht sie dem historischen Sokrates zuschreiben dürfen. Die Reden des Protagoras haben ihre Eigenthümlichkeit darin, dass sie eine grosse Beherrschung des Redematerials zur Schau tragen; so findet sich z. B. sehr häufig angewendet das vorbereitende *μὲν* und *τὲ*, wodurch die einzelnen Rede- und Satztheile umsichtig verknüpft erscheinen, und eine Art von rhetorischem Ton hervorgebracht wird, den man von dem Vorwurf des Manierirten nicht freisprechen kann. Aehnliches gilt von dem Wenigen, was wir von Hippias zu hören bekommen, doch trägt es noch in erhöhtem Grade den Charakter absichtlichen Prunkens. — Mögen diese Bemerkungen, auf die wir im Folgenden zurückzukommen Veranlassung finden werden, für jetzt genügen. Dass auch die Gemüthsstimmungen in dem Ton der Rede bei einem solchen Meister der Darstellung sich spiegeln werden, lässt sich von vorn herein voraussetzen; hier sei nur beispielsweise an das wiederholte $ἀλλὰ$ 310 E 311 A erinnert, welches sehr anschaulich die drängende Eile des Hippokrates malt.

Unsere bisherige Betrachtung des platonischen Protagoras hat es zwar mit sich gebracht, dass wir nicht umhin konnten, den in demselben behandelten Problemen hie und da eine nähere Aufmerksamkeit zu widmen; allein es haben diese Betrachtungen doch nur fragmentarische sein können. Einer zusammenhängenden Darlegung des philosophischen Gehaltes, der in dem Dialog niedergelegt ist, dürfen wir uns aber um so weniger entschlagen, als sie vor Allem geeignet scheint, eine sichere Grundlage zu bieten für die Untersuchung der bei der Abfassung des Dialogs leitend gewesenen Motive.

Sokrates zuerst in der Geschichte der Philosophie hat es unternommen, der Ethik in dem Ganzen der Philosophie eine principielle Stellung anzuweisen, ja die gesammte Philosophie auf die Ethik zu begründen, insofern für ihn alle Gewissheit des Erkennens an dem Ethischen hängt, nur das ethische Bewusstsein die volle objective Gewissheit mit sich führt. Nachdem er dieses Unternehmen in einer Form und Weise durchgeführt hatte, die gleich sehr das höchste spekulative Bedürfniss der damaligen Welt befruchtend befriedigte, wie sie andererseits geeignet war, unmittelbar im Leben läuternd, anregend, erhebend zu wirken: haben alle folgende Systeme mehr oder weniger, wie in ihrer gesammten philosophischen

Tendenz so besonders in Bezug auf die Ethik in entschiedener Abhängigkeit zu Sokrates' Lehren gestanden. Die durch ihn einmal in das Bewusstsein eingetretenen Forderungen der Harmonie zwischen dem spekulativen und dem praktischen Gebiete, oder zwischen dem Allgemeinen und dem Individuellen, welche ihre endliche und abschliessliche Lösung erst auf der religiösen Basis des Christenthums finden sollten, haben die Philosophie seit jener Zeit nicht schlafen lassen: sie waren zu Fragen geworden, mit denen jedes spekulative Unternehmen sich auseinander zu setzen gezwungen war. Daher denn auch die trotz durchgreifendsten Verschiedenheiten sehr ähnliche Stellung des Sokrates zu der antiken Philosophie wie Kants zu der neueren. Beide treffen sich zugleich darin, dass sie nicht nur neue Probleme und diese in epochemachender Weise aufstellten, sondern dass auch die von ihnen versuchte Lösung reich war an Aperçüs, auf die die Folgezeit immer wieder zurückzukommen sich genöthigt sah; sie haben ferner auch das gemein, dass, zum Heile der Philosophie, ihre Lehre eine Weiterentwickelung nicht nur zuliess, sondern vielmehr gebieterisch forderte. Sokrates hatte zuerst mit voller Energie und aus tiefstem spekulativen Bewusstsein heraus die Lehrbarkeit der Tugend behauptet und diese aus ihrer Identität mit dem Wissen ($\dot{\epsilon}\pi\iota\sigma\tau\dot{\eta}\mu\eta$) und der Weisheit ($\sigma o\varphi\iota\alpha$), die ihm als das eine und selbe galten[21]), deducirt. Sein Leben kann gleichsam als die praktische Verwirklichung dieser seiner Lehre gelten, indem er in der That zu jener Harmonie des Thuns und Denkens gelangt war, die er Gorg. 482 C coll. 488 A als Strebziel erkennt, oder mit anderen Worten, indem er ein Charakter im höchsten Sinne des Worts war. Allein dass dieses Princip noch an wesentlichen Mängeln litt, das konnte dem auf die Tiefen ethischer Erfahrung gerichteten Blicke auf die Dauer kaum entgehen. Freilich mag sich seine Lehre nicht so trocken und handgreiflich eudämonistisch

---

[21]) Xen. Memm. 1, 6, 7.

ausgenommen haben, wie sie in manchen xenophontischen Berichten erscheint; ein tiefes religiöses Pathos spricht aus Vielem, was wir erfahren, und mag seiner Ethik ein gut Theil von jenem Charakter genommen haben. Allein dass er den Eudämonismus spekulativ überwunden habe, dass er für seine »Weisheit« einen anderen Inhalt aufgezeigt habe, als den, welcher sich aus der Identificirung des $\mathring{α}γαθὸν$ und $\mathring{ω}φέλιμον$ ergiebt[22]), das lässt sich auch aus Platons Darstellungen nicht schliessen. Hiemit im Zusammenhange steht es, dass Sokrates alsbald von der Tugend ausgeht, d. i. von dem innerhalb der Sphäre des Menschengeistes (auch bei dem sokratischen Gotte wird im strengen Sinn von Tugend nicht die Rede sein können) als eine Kraft realisirten Guten, statt vorerst auf das Wesen dieses Guten an sich den Blick zu richten. Aber auch die Fassung der Tugend als ein Wissen unterliegt wesentlichen Bedenken; denn indem sie auf eine völlige Rationalisirung aller ethischen Erscheinungen ausgeht, verschliesst sie sich das ganze an sittlichem Gehalte herrlichster Art so reiche Gebiet des Naiven, dem erst in dem Ausspruche des Herrn: »So ihr nicht werdet wie dieses Kind, so könnt ihr nicht in das Himmelreich kommen«, seine Würdigung für alle Zeiten zu Theil geworden ist. Sokrates hat zuletzt noch, absorbirt von dem Bestreben, von Einem Punkte aus den Problemen der Ethik beizukommen, die verschiedenen Seiten derselben oder die einzelnen Tugenden nicht so, wie es ihre Natur erfordert, gewürdigt, sondern auf seine Eine Haupttugend in einer Weise zurückgeführt, die mit Recht gewaltsam oder künstlich genannt worden ist. Diese Mängel der sokratischen Ethik können uns den Glanz ihrer Erscheinung nicht trüben; sind sie doch zum Theil tief in der allgemein griechischen Anschauung begründet, welche mit ihrer Zurückführung der Sünde auf die Ate oder auf Verblendung und Irrthum gewiss nicht ohne Einfluss auf den sokratischen Tugendbegriff geblieben ist. Sie mussten aber an dieser

---

[22]) Vergl. Prot. 333 E.

Stelle berührt werden, um das Verdienst Platons richtig zu würdigen, dessen Fortschritt über Sokrates hinaus auf dem Gebiete der Ethik ich unter folgende drei Punkte bringen zu dürfen glaube: 1) Er erkannte den sittlichen Gehalt der naiven oder auf der δόξα beruhenden Tugend; 2) er erkannte die tiefere Bedeutung der einzelnen Tugenden, indem er zugleich ihre höhere Einheit in der Tugend wahrte; 3) er knüpfte die Ethik durch die »Idee des Guten« an die letzten metaphysischen Principien an und schnitt somit dem Eudämonismus die Wurzel ab. — Hiemit soll freilich weder noch kann gesagt sein, dass Platon den ethischen Problemen die letzte befriedigende Lösung gegeben habe; vielmehr werden wir seine Anerkennung der sogenannten niederen (naiven) Tugend noch immer als eine mangelhafte, seine Motivirung der einzelnen Tugenden als eine den wahren Gesichtspunkt verrückende ansehen müssen; und was seinen Versuch, die Ethik auf rein metaphysischer Grundlage aufzubauen anlangt, so ist auch er gescheitert, sofern er in einen handgreiflichen Dogmatismus ausgeschlagen ist, der die absolute Rationalität eines reinen Seins zur Voraussetzung hat, das doch andererseits zugleich Bewegungsursachen in sich bergen soll. Denn wenn es auch noch als zweifelhaft betrachtet werden muss, ob die Ideenlehre im Allgemeinen wirklich so ganz und gar dogmatistisch ist, als man gewöhnlich es darstellt (eine Annahme, der der Parmenides wohl zu widersprechen scheinen kann), so kann man doch die platonische Fassung der Idee des Guten von diesem Vorwurf unmöglich freisprechen. Gesetzt selbst, es liesse dieselbe, in ihrer Reinheit gefasst, in der That eine — aprioristische — Deduction zu, worüber ich zu urtheilen nicht wage, so entzieht sie sich derselben doch alsobald, wenn sie als eine Bewegungsursache gefasst werden soll; denn die Bewegung erscheint als die einfachste und Ur-Thatsache der Freiheit; wo aber Freiheit beginnt, da ist das Ende der Rationalität. Und so tritt denn die Idee des Guten mit dieser Auffassung nicht als mögliche sondern als wirkliche Bewegungsursache aus dem

Gebiete des reinen Seins heraus in das des Daseins, — diess aber eben ist das Dogmatistische an dieser Auffassung. Allein wie dem Allen auch sei, wie weit auch die platonische Ethik noch von dem idealen Ziele der Wissenschaft abstehen mag: das ist das Grosse, dass Platons genialer Geistesblick die Mängel der sokratischen Ethik entdeckte und hiemit die Punkte richtig erkannte, an denen die Forschung einzusetzen hatte, wenn sie sich der Aufgabe würdig zeigen wollte, das Werk des genialen Weisen weiterzuführen; dass er somit das grosse Verdienst seines Meisters wahrhaft sich aneignete, das noch heute das nächste Ziel aller spekulativen Bestrebungen bildet: die richtige Stellung der Probleme.

In welchem Verhältnisse steht nun der Protagoras mit seinem philosophischen Gehalte zu diesem allgemeinen Bestande der platonischen Ethik? Wenn wir die in unserem Werke enthaltenen Unterredungen überblicken, so kann es Niemandem entgehen, dass ihre Resultate völlig demjenigen entsprechen, was wir oben als das Wesentliche des specifisch sokratischen Standpunkts bezeichnet haben. Die Lehrbarkeit und Einheit der Tugend, durch ihre Zurückführung auf ein Wissen erwiesen, die Identificirung von Wissen und Weisheit ($\dot{\varepsilon}\pi\iota\sigma\tau\acute{\eta}\mu\eta$ und $\sigma o \varphi \acute{\iota} \alpha$) und somit ein ethikologischer Charakter jenes Wissens, das völlige Ignoriren aller sogenannten Tugend, die nicht auf dem Wissen beruht, die offen bekannten eudämonistischen Principien: das Alles stimmt zu Sokrates' sonst uns bekannten Lehren und wird hier von ihm mit voller Bestimmtheit und ohne dass ein ernstlicher, einigermassen wissenschaftlicher Widerspruch dagegen erhoben würde, dargelegt. Merklich anders gestaltet sich die Sache in den längeren Reden sowohl des Sokrates als auch besonders des Protagoras. Die erste Auseinandersetzung zwar des Sokrates über seine Zweifel an der Lehrbarkeit der Tugend, welche dort ausdrücklich als »Staatskunst« gefasst wird, lässt sich mit seinem Standpunkte wohl vereinigen, wenn anders wir voraussetzen, dass seine Tendenz dabei darauf hinausgeht, eben jener Tugend mit der

Lehrbarkeit auch das Prädikat wahrer Tugend abzusprechen. Aber schon die Gedichtserklärung, welche Sokrates giebt, bringt Momente herein, welche kaum sich jenem allgemeinen Standpunkte einfügen wollen. Der ganze Grundgedanke, dass gut zu werden möglich, aber schwer, gut zu sein unmöglich sei, liegt ausser der Richtung des sokratischen Philosophirens und führt auf die specifisch platonische Anschauung, dass dauerndes, wahres Sein (τὸ ἀεὶ ταὐτὸν oder ὡσαύτως ὄν) nur den Ideen oder, wie es mitunter populär heisst, den Göttern zukomme. · Auch für den 345 B ausgesprochenen Gedanken: αὕτη μόνη ἐστὶ κακὴ πρᾶξις ἐπιστήμης στερηθῆναι, so sokratisch er klingt, wird es doch schwer halten, in Sokrates' Lehre einen direkten Anknüpfungspunkt zu finden; er beruht auf der platonischen Voraussetzung von der Unvollkommenheit alles Wirklichen, wie denn alsbald das Wort des Dichters, er suche keinen πανάμωμον ἄνθρωπον, das der Erklärer sich aneignet, eben darauf zielt. Bei Sokrates ist sonst von einem Verlieren der einmal erworbenen Weisheit nicht die Rede, um so mehr, als dieses nicht ohne Weiteres als ein »Vergessen« betrachtet werden könnte. Gleichfalls nicht eben sokratisch ist das Genügen an den μέσοι ἄνθρωποι οἳ ἂν μὴ κακοὶ ὦσιν, da auf jenem Standpunkte von Graden der Tugend zu reden fern liegt und man diese μεσότης kaum anders als von der gewöhnlichen bürgerlichen Tugend verstehen kann, der Sokrates, wie wir sahen, die Anerkennung verweigert. — Weit stärker abweichend sind nun aber die Anschauungen, welche Protagoras theils in seiner längeren Rede darlegt, theils in kurzen eingestreuten Antworten vertritt. Er erkennt, wie schon oben entwickelt worden, der gewöhnlichen Bürgertugend einen ethischen Werth zu; er erklärt sie für mittheilbar, wofür er sich hie und da ungenau des Ausdruckes διδακτὸν bedient, während er 323 C und Sokrates 328 E bezeichnend von einer ἐπιμέλεια sprechen, durch die sie mitgetheilt werde, wie er denn auch in weiterer anmuthiger Darstellung den Gedanken einer Erziehung zur Tugend ausführt. Er setzt ferner eine in den

einzelnen Individuen verschiedene Anlage zur Tugend voraus;
er anerkennt die Weisheit als die höchste der Tugenden (ana-
log der Stellung des λογιστικὸν in den psychologischen Partieen der Republik), allein er leugnet, dass alle übrigen in ihr
aufgehen; seine Aeusserungen bei Gelegenheit der Tapferkeit
zeigen vielmehr, dass er die einzelnen Tugenden auf Triebe,
die der Seele von Natur innewohnen, zurückzuführen geneigt
ist; er will den Begriff des ἀγαϑὸν von dem des ἡδὺ und des
ὠφέλιμον getrennt wissen. Freilich werden mehrere unter diesen Sätzen von Sokrates so angegriffen, dass ihm Protagoras
mit Gründen nicht mehr zu begegnen weiss, sondern ihm
nichts entgegenzusetzen hat, als die einfache Weigerung der
Anerkenntniss: allein diess ändert an dem eigentlichen Inhalte
seiner Behauptungen nichts und es wird sich ausserdem noch
zeigen, wie auch hier Umstände vorhanden sind, die den Gesichtspunkt wesentlich verändern. — Man kann nun geneigt
sein, diese ganzen von Protagoras vertretenen Anschauungen
einfach als sophistischen Ballast über Bord zu werfen und den
eigentlichen philosophischen Gehalt einzig in dem zu finden,
was Sokrates als seine Meinung vertritt, wie man sich denn
überhaupt nur allzusehr gewöhnt hat, die Ueberzeugungen des
in den Dialogen auftretenden Sokrates mit denen des Verfassers schlechthin als zusammenfallend anzusehen. So ist denn
auch von diesem Werke eine derartige Anschauung unter den
neuesten Forschern die verbreitete, von der allein Schleierma-
cher ganz sich entfernt, während Andere nur in Einzelheiten
davon abweichen und den Ansichten des Protagoras eine um
Weniges grössere Bedeutung für das Ganze beimessen. Und
in der That, wenn wir seine Sätze mit dem vergleichen, was
wir oben als das specifisch Platonische in der Ethik bezeichnet haben: so kann es kaum zweifelhaft bleiben, dass
gerade dem Protagoras Platon Viel von seinen eigensten und
tiefsten Gedanken in den Mund gelegt hat; freilich nur in
Andeutungen und ohne eigentliche philosophische Begründung. Allein gerade je leiser und feiner eine Ansicht sich

angedeutet findet, um so sicherer, dürfen wir annehmen, steht sie für des Schriftstellers Bewusstsein, um so mehr weiss sich dieser derselben Herr; und so wird es denn nicht allzu gewagt erscheinen, in Platon bei der Abfassung des Protagoras seine ethischen Anschauungen als im Wesentlichen fertig und begründet vorauszusetzen. Die ethische Würdigung der nur auf die δόξα gegründeten Tugend, der Weg auf dem er sie für mittheilbar hält, und die psychologische Begründung der einzelnen Tugenden sind klar genug angedeutet; und selbst für die »Idee des Guten« fehlt es nicht an Spuren, wenn sie auch natürlich hinter populärer Ausdrucksweise versteckt liegen: die Zurückführungen der Tugend auf die Götter im Mythos des Protagoras und der Interpretation des Sokrates, von der schon früher bemerkt worden ist, von welcher Wichtigkeit sie für den Gedankengehalt des Werkes ist, — sind derartige Spuren, aus denen freilich ein Schluss auf den Grad der Ausbildung jener Lehren zur Zeit der Abfassung des Protagoras unmöglich ist. — Wenn wir nun sehen, wie mit Ausnahme der Gedichtserklärung, wo schon durch den Zusammenhang zumal so leise Abweichungen hinreichend sich erklärten, dem Sokrates durchaus seine eigenen, des historischen Sokrates Philosopheme in den Mund gelegt sind, und ein Anderer zum Vertreter specifisch platonischer Gedanken gemacht ist: so sind wir beinahe gezwungen zu dem Schlusse, dass es Platon darauf angekommen sein müsse, ein treues und wahres Bild des Sokrates zu zeichnen, welches er dazu mit einem Reichthum individueller Charakteristik ausgestattet hat, die nur der tiefinnigsten Verehrung und Liebe zu seinem Meister entsprungen sein kann; dass er diess aber ferner zu thun wusste, ohne auf der einen Seite seine eigenen Ueberzeugungen zu verläugnen, zu welchem Ende er sie einem Mann in den Mund legte, dessen persönlicher achtbarer Ernst mit der Hoheit dieser Ueberzeugungen im Einklang stand[23]). Auf der anderen Seite

---

[23]) Vielleicht auch enthielt Protagoras' Lehre den platonischen verwandte Anschauungen; wenigstens können darauf die beiden unklaren

wahrte er dabei auch die höhere historische Treue und Pietät, indem er den Sokrates in der vollen Ueberlegenheit seiner sittlichen Durchbildung und strengen Methode darstellte, welche nicht anders konnte als über jeden Gegner wenigstens formell den Sieg davon tragen; den Protagoras aber zwar mit einer reichen ethischen Anschauung ausstattete, die zum Theil, wie wir zeigten, die Fortschritte begreift deren er selbst sich über Sokrates hinaus bewusst war, ihm aber doch die Unfähigkeit der Methode und den Mangel an Durchbildung und Harmonie in seinen Ansichten zutheilte, der den Sophisten eignete und der ihn dem Sokrates formell unterliegen machte. Bedenkt man die Art und Weise, in der Sokrates anderwärts, wenn ein Mitunterredner sich weigert, seinen Resultaten beizupflichten, diess als einen Widerspruch desselben mit sich selber unverhohlen und oft scharf bezeichnet: so kann man recht wohl den milden Ton, in dem Platon im Protagoras seinen Sokrates mit der einfachen Registrirung der beiderseitigen Meinungsdifferenz und sogar der Anerkennung der Nothwendigkeit erneuter Untersuchung das Gespräch abschliessen lässt, für eine Andeutung nehmen, dass er den Sieg des Sokrates eben nur für einen formellen, für einen Sieg der Methode über die Unmethode angesehen wissen wollte und den Argumentationen des Sokrates selbst keine absolute Ueberzeugungskraft beimass. Mit dieser Wahrnehmung sind wir bereits eingetreten in die Untersuchung des Zweckes, den wir in unserem Werke zu erkennen haben. Hier aber müssen wir etwas weiter ausholen und auf Allgemeineres zurückgehen.

Notizen bei Diog. L. 3, 37 u. 57 führen, über die Frei Quaestt. Protagoreae p. 187 f. zu vergleichen ist.

III.

> Jede Form sie kommt von oben.
> Goethe.

Es gehört zu den bekanntesten Thatsachen der platonischen Forschung, dass unter allen Dialogen keiner von so fundamentaler Wichtigkeit für das Gesammtverständniss von Platons Schriftstellerei ist, wie der **Phaidros**. Wenn hinreichende Gründe für die Annahme vorhanden sind, dass fast in allen Dialogen Beziehungen auf andere Werke oder versteckte Erklärungen über diesen oder jenen Punkt zu finden sind, über den mit seinen Lesern sich zu verständigen dem Schriftsteller angelegen war, so enthält der Phaidros nicht Andeutungen allein, sondern ganz direkte und principiell begründete Erklärungen über schriftliche und mündliche Rede. So willkommen nun einerseits solche Erklärungen uns sein müssten, welche in ähnlicher Weise das Verständniss von Platons litterarischen Zwecken zu eröffnen Hoffnung geben, wie etwa bei den Neueren die üblichen Vorreden: so sind sie doch, wie sie uns vorliegen, zunächst vielmehr geeignet, die Frage zu verwirren als aufzuklären. Denn wenn ein Schriftsteller, dessen Werke nicht nur durch ihre Anzahl und Ausdehnung, sondern auch durch den ganzen Wurf ihrer Darstellung, durch ihre innere wie äussere Form einen ausserordentlichen Aufwand von geistiger Arbeit und Concentration bekunden: wenn dieser mit der entschiedensten Geringschätzung von aller schriftlichen Produktion spricht: so scheint diess wiederum eines und zwar nicht das leichtestlösliche der Räthsel, deren Platons Werke so viele uns vorlegen. Hier ist aber vor Allem nicht zu übersehen, dass diese Geringschätzung der Schrift zwar ziemlich entschieden vorgetragen wird, aber im Grunde doch nur eine relative, gegenüber der mündlichen

Rede ist, durch welche zu wirken Platon als den eigentlichen Beruf und die würdigste Aufgabe des Philosophen ansah. Dieser Ansicht entsprechend finden wir auch seine gesammte wissenschaftliche Thätigkeit; denn während wir seine Schriften fast durchgängig, und gerade die bedeutendsten oft am Weitesten entfernt sehen von Erfüllung der Anforderungen, welche wir an eigentlich wissenschaftliche Darstellungen zu stellen pflegen und unter denen die vornehmste die einer streng systematischen Anordnung ist: hat Platon, soweit unsere Nachrichten reichen, sein System als System gerade in seinen mündlichen Vorträgen mitgetheilt, sehr im Gegensatz zu den Modernen, welche das eigentlich Letzte und Systematische ihrer wissenschaftlichen Ueberzeugungen in Schriften niederzulegen pflegen; wiewohl es auch unter diesen von dem Gegentheile Beispiele giebt, wie denn z. B. Solger sein System der Aesthetik nur mündlich vorgetragen, schriftlich aber daraus nur so viel bekannt gemacht hat, als den Gehalt des Erwin bildet, der in der That ein ähnliches Verhältniss zu seinem Systeme einnehmen mag, wie ein platonischer Dialog zu dem platonischen System. — Fragen wir nun aber, was es denn eigentlich sei, das Platon dem Schriftthum zum Vorwurfe mache, so können wir diess kurz dahin zusammenfassen, dass er ihm das wahrhaft Dialektische abspricht, weil das geschriebene Wort immer nur ein und dasselbe sage und auf keine Frage Antwort gebe, und weil es ferner an Alle ohne Ausnahme sich richte ohne zu scheiden, zu wem zu sprechen angemessen sei, zu wem nicht. Diess ist aber nichts Anderes, als dass es erstlich nicht vermag, weder die für Belehrung Empfänglichen herauszufinden, noch zweitens, selbst wo es auf fruchtbaren Boden gefallen ist, die durch die gegebene Anregung entstehenden Zweifel zu beseitigen, und somit weder den Leser zu vollständiger Ueberzeugung und Sicherheit führen, noch von sich ungerechte Angriffe abwehren kann. Es bedarf daher immer des Autors zur Nachhilfe einerseits, zur Vertheidigung andrerseits. Danach beschränkt er den eigentlichen Nutzen des Schriftthums auf die Wiederauffrischung des bereits Gelernten und Gewussten. Diess ist gleichsam die objective Seite der Sache; eine mehr subjective Wendung nimmt er dann im Folgenden, wo er die echt wissenschaftliche, mündliche Lehre dem Getreidebau, von dem man sich Früchte erhoffe, die schriftliche Darstellung aber der Ziergärtnerei vergleicht, indem man sich an ihr erlustige, etwa' mit dem Zwecke, dass für sich und Andere, die gleiches Weges wandeln, wenn man in das Alter der Vergesslichkeit gekommen, sie als Erinnerungsmittel diene. Je augenscheinlicher diese letzte Wendung den Charakter humoristischer Ironie trägt, um so ernster werden wir es mit der Bemerkung zu nehmen haben, dass der Schriftsteller seines eigenen Genusses halber schreibe, die doch im Grunde nichts Anderes besagt, als dass Platon die Schriftstellerei unter den Gesichtspunkt echt künstlerischer Produktion gestellt wissen will und von einem Zwecke, welcher über diese Produktion hinausliegt, erst an zweiter Stelle redet. Wir wollen versuchen, den Gedankengängen Platons hiebei etwas näher auf die Spur zu kommen.

Wenn man der sonstigen grossen Spärlichkeit von Andeutungen über seine Schriftstellerei gegenüber die schon erwähnte verhältnissmässige Breite und Ausdrücklichkeit, mit der sie im Phaidros auftreten, in gehörige Erwägung zieht, so kann man nicht anders als hier eine bestimmte Tendenz oder wenigstens Veranlassung vermuthen. Eine solche ist denn in der Eröffnung der Akademie sehr glücklich gefunden worden, für die man den Phaidros gewissermassen als Antrittsprogramm aufgefasst hat. Muss dieses letztere nun auch als ziemlich zweifelhaft erscheinen, da wenn es dem Platon in der That um eine Belehrung und Aufklärung des Publikums über wahre und falsche Rhetorik und das Aufgehen der ersteren in der Dialektik, und wiederum über das Verhältniss des mündlichen Unterrichts zur schriftlichen Darstellung zu thun gewesen wäre, dieser Dialog denn doch gegen die in ihm selbst aufgestellten Grundsätze verstossen würde: so wird man so viel doch unbedenklich zugeben können, dass die in demselben niedergelegten Gedankenreihen die einen und selben seien mit denjenigen, welche er durch den Entschluss krönte, eine Schule zu gründen. Haben wir allen Grund anzunehmen, dass Platon bereits vor Eröffnung der Akademie als Schriftsteller thätig gewesen ist, so werden wir auch voraussetzen müssen, dass er bestimmte Gründe fand, sich nicht ferner auf eine litterarische Wirksamkeit zu beschränken; ja es wird wahrscheinlich, dass eben seine schriftstellerischen Erfahrungen an ihm selbst sowohl, soweit sie die Art der Produktion betrafen, als auch an Anderen, soweit sie ihn die Erfolge derselben kennen lehrten, ihn zu der nach und nach auch principiell sich ihm motivirenden Ueberzeugung brachten, dass eine wahre philosophische Wirksamkeit nur im persönlichen, mündlichen Unterrichte sich entfalten lasse. Es ist nun aber klar, dass, wofern er auf litterarische Produktion nicht ganz verzichten wollte, diese sich ihm nun in ganz anderem Lichte zeigen, er dabei ganz andere Gesichtspunkte ins Auge fassen musste, und dass ferner, diess Alles vorausgesetzt, der Phaidros als die erste oder eine der ersten Manifestationen dieses neuen schriftstellerischen Standpunkts anzusehen sein wird. Allerdings kann man einwenden, dass hier Hypothese auf Hypothese gebaut sei. Allein die ganze eigenthümliche Natur und Anlage des Phaidros bietet für solche Auffassung doch unverächtliche Anknüpfungspunkte dar, welche ich wenigstens anzudeuten mich bemüht habe. Eine sehr wesentliche Bekräftigung aber finden diese Hypothesen an einer nach ganz anderen Principien, als die hier in Frage stehenden, gemachten Anordnung der platonischen Schriften, derselben, welche wir gleich im Eingange dieser Abhandlung näher betrachtet haben. Die dort dem Phaidros voraufgehenden Dialoge sind nämlich in der That solche, welche mit den hier dargelegten Grundsätzen kaum in Einklang zu bringen sein würden. Indem sie ins Gesammt das Ringen und Kämpfen eines genialen Geistes spiegeln, der mit den Mächten der Vergangenheit und der Gegenwart sich auseinanderzusetzen und eine eigene Ueberzeugung (in der Ideenlehre) zu gewinnen strebt, zeigen sie Nichts von der geistigen Ruhe und überlegenen Herrschaft, ohne die eine Schriftstellerei παιδιᾶς χάριν, ein Genügen an der eigenen Produktion völlig undenkbar ist. Eine solche aber war unmöglich, ja sie konnte sich ihm nicht einmal als Ziel darstellen, bis er nicht zur Klarheit über die Ideenlehre gelangt war und mit dieser, dem Mittelpunkte seines Systemes, eine festere Basis gewonnen hatte. In welchem Zusammenhange aber mit der Ideenlehre auch Platons Ansichten über mündliche und schriftliche Lehre stehen, liegt im Phaidros klar genug zu Tage und ist auch neuerlich mehrfach entwickelt worden. — Wie aber verhalten sich zum Phaidros diejenigen Dialoge, welche wir später als ihn geschrieben zu denken haben? An diese Untersuchung müssen wir uns hüten nicht mit der falschen Voraussetzung zu gehen, als müssten diese Werke alle sich mit den Sätzen des Phaidros in strengem Einklange zeigen. Je weiter sie sich zeitlich von ihm entfernen, um so erklärlicher werden wir Abweichungen finden und ebenso werden wir auch darauf verzichten müssen, die ganze Eigenthümlichkeit dieser Werke, selbst der am engsten sich anschliessenden, aus den im Phaidros gegebenen Winken erklären zu wollen: es sind diess eben nur Winke und Andeutungen, welche zu Nichts dienen können als uns auf die rechte Spur der Beurtheilung zu leiten, das gute Beste aber unserer eigenen Divination und Combination überlassen. Würde es daher unmöglich sein, aus jenen Andeutungen allein zu schliessen, welcher Art denn nun eigentlich die Schriften seien, welche Platon von da an zu produciren sich gestattete: so gestaltet sich für uns die Aufgabe vielmehr dahin, aus einer Betrachtung derjenigen Gespräche, welche die Stilkritik in die nächste Nähe nach dem Phaidros gerückt hat, jene Winke zu ergänzen, wie andererseits es auch nicht fehlen kann, dass auf diese Gespräche durch den Phaidros ein neues Licht falle. — Wir haben oben gesehen, dass dem Phaidros stilistisch Nichts so nahe steht, als die Gruppe der sogenannten sokratischen Dialoge, unter denen die Apologie, der Kriton, Gorgias und Protagoras hervorragen, wenn auch die Echtheit einiger anderer, besonders die des Laches und Charmides nicht weniger zuversichtlich wird behauptet werden können (vgl. Anm. 10). Wir haben schon oben bei unserer Betrachtung des Protagoras die Bemerkung gemacht, dass diese Werke — denn was vom Protagoras gilt, gilt im Allgemeinen auch von den andern Dialogen dieser Gruppe — einen eigenthümlichen Widerspruch Platons mit sich selbst enthalten, indem die scheinbaren Resultate derselben im Wesentlichen nicht über den Standpunkt des historischen Sokrates hinausgehen, während Platon ihn doch bereits längst hinter sich hatte. Es scheint diess allerdings ein sehr paradoxes Phänomen, ist jedoch nicht eben viel paradoxer — selbst von der stilistischen Unmöglichkeit abgesehen — als die jetzt allgemein gangbare Annahme, dass die sokratischen Werke Platons von ihm auch wirklich noch auf sokratischem Standpunkt verfasst worden seien, d. i. zum grösseren Theile noch bei Sokrates' Lebzeiten. Denn solche Anschauung unterliegt sehr einfachen, aber sehr gewichtigen Bedenken. Vors Erste setzte diess eine für griechische Verhältnisse beispiellos frühe Productivität voraus; Platon müsste dann etwa bis zu seinem dreissigsten Jahre schon eine stattliche Reihe von Dialogen verfasst haben, unter denen Werke von der Ausdehnung wie der Gorgias und der Bedeutung wie der Protagoras sich finden. Es bleibt ferner sehr unwahrscheinlich, dass zu Sokrates' Lebzeiten Platon ihn in dieser Weise würde als Figur seiner Dialogen eingeführt haben. Denn wenn auch die ganze griechische Natur einen idealistischeren Zug hatte, als die moderne: so hat es doch etwas sehr Eigenthümliches und wenig Wahrscheinliches, dass Platon seinen noch lebenden Lehrer, aus dessen eigenem Munde das Publikum tagtäglich seine Anschauungen zu vernehmen die mannigfaltigste Gelegenheit fand, eben diesem Publikum auch noch schriftlich werde entgegen getragen haben. Die schon oben erwähnte Lysisanekdote, der Herrmann einen so hohen Werth beilegt, kann man im Ernst dafür als Beweis nicht anführen wollen; und auch die attische Komödie darf nicht füglich als ein Analogon gelten. Was aber das Wichtigste ist: man sieht weder das Verdienstliche solcher Werke ein, da die betreffenden Untersuchungen eben von Sokrates nicht schlechter oder vielmehr besser jeder zu hören bekommen konnte, noch auch einen möglichen Zweck des Schriftstellers. Diess letztere insofern nicht, als es sehr unwahrscheinlich ist, dass Platon jemals der Sokratiker vom reinsten Wasser gewesen sei, als welchen diese Werke unter der angegebenen Voraussetzung ihn kennzeichnen würden. Ist es doch durch das ausdrückliche Zeugniss des Aristoteles[21]) bekannt, dass Platon, ehe er in Sokrates' Umgang eintrat, bereits des Kratylos Unterricht genossen habe. Man könnte einwenden, es sei dennoch nicht undenkbar, dass Platon zu einem völligen Anhänger des Sokrates geworden sei und erst später auf eigene Füsse sich gestellt habe, etwa wie Kant, der lange Zeit ein aufrichtiger Leibnitz-Wolfianer gewesen war, ehe er den selbstständig-kritischen Weg einschlug, der ihn unsterblich gemacht hat. Allein dem widerspricht das Zeugniss des Aristoteles gleicherweise wie Platons eigene Schriften: das erstere, indem es ausdrücklich einen Punkt hervorhebt, in dem Platon jener Lehre, die er durch Kratylos kennen lernte, immer treu geblieben ist — und zwar einen Punkt von so fundamentaler Bedeutung, dass er unmöglich ohne Folgen auch für die übrigen philosophischen Ueberzeugungen Platons kann geblieben sein; die letzteren, indem sie nicht nur diese Bemerkung des Aristoteles bestätigen, sondern auch Andeutungen geben, die noch weit tiefere Blicke gestatten. Hat man nämlich mit Recht in den Auslassungen des Sokrates im Phaidon 95 E ff. wesentlich eine Darstellung des platonischen Entwickelungsganges gefunden — und ich sehe in der That

---

[21]) Met. 1, 5.

nicht, was dem Zwingendes sich entgegensetzen liesse —, so ist damit zugleich der Beweis geliefert, dass Platon mit so entschiedenen spekulativen Bedürfnissen, mit einer so bedeutenden inneren spekulativen Erfahrung zu Sokrates kam, dass von einer derartigen Anhängerschaft an Sokrates, wie die sokratischen Werke sie zeigen würden, bei Platon nie und nimmer kann die Rede gewesen sein. Allerdings lässt sich nicht läugnen, und ist auch oben ausdrücklich betont worden, dass Platon in gewissen Punkten seiner Ethik immer Sokrates' Anhänger geblieben ist; allein auch diese Punkte nehmen bei ihm eine durchaus veränderte Gestalt an, welche, nachdem früher entsprechende Andeutungen gegeben sind, hier näher zu bezeichnen unnöthig ist; die sogenannten sokratischen Werke aber zeigen diese veränderte Gestalt entweder gar nicht oder nur in der Weise, in der wir sie im Protagoras vorgefunden haben. Wenn wir also nicht wohl annehmen können, dass Platon je einem »reinen und ungemischten Sokratismus ohne spekulativen Zusatz«[25]) gehuldigt habe, wenn es uns vielmehr, im Einklange mit der angezogenen Phaidonstelle, wo der sokratische Standpunkt erst im Gegensatze zu den anaxagorischen Theoremen sich entwickelt, durchaus als das Wahrscheinliche erscheinen muss, dass Platon mit seinen philosophischen Ueberzeugungen nie ganz auf dem Standpunkt des Sokratismus geblieben ist: so sehen wir, dass im Grunde die inneren Schwierigkeiten bei dieser Anordnung keine geringeren sind, als bei der unsrigen. Freilich würden wir nach den im Eingang als die einzig richtigen entwickelten Principien auf dieser Anordnung auch dann bestehen müssen, wenn die entgegenstehende diese inneren Schwierigkeiten nicht böte und somit gegen die unsrige im Vortheile stünde; allein es schien doch angemessen eine Betrachtung der gewöhnlichen Ansicht nach dieser Seite hin einzuflechten, um für die unsrige eine möglichst breite und sichere Unterlage zu gewinnen.

---

[25]) Herrmann Plat. Phil. S. 51. Vergl. Ueberweg a. a. O. S. 97.

Was hat nun aber Platon bewogen, Dialoge zu schreiben, in denen er es verschmähte, seine eigene Philosophie niederzulegen und in welchen er vielmehr einen Standpunkt zu vertreten schien, dem er wohl nie, wenigstens in dieser Reinheit nicht, angehört hatte?

Es hat eine besondere Bewandniss mit dem philosophischen Dialoge. Er ist auch in der neueren deutschen Litteratur wieder aufgetaucht; Mendelssohn, Engel (Lessing und Klopstock wird man hierher kaum rechnen können), Schiller, Schelling, Solger, auch Oerstedt (im »Geist in der Natur«) u. A.[26]) haben theils kleinere, theils grössere Versuche darin gemacht und zwar in sehr verschiedener Weise und mit sehr verschiedenem Glücke. Allen aber ist ein höchst charakteristisches Phänomen gemeinsam: dass sie ihre Personen nur mit Vornamen oder gar nur mit Buchstaben benennen. Das ist nichts rein Aeusserliches; es zeigt vielmehr die Art solcher Bezeichnung, dass die Verfasser bei der Darstellung der Unterredner mehr das Interesse verfolgten, eine bestimmte Richtung und Anschauungsweise vertreten zu sehen, als das einer persönlichen, oder, wenn ich so sagen darf, personförmigen Ausgestaltung eines Theorems im Auge hatten[27]). Mit Einem Wort: der Dialog ist hier in der That nur Form der Darstellung, von der man für gewisse Gegenstände Vortheile der Klarheit oder Uebersichtlichkeit erhoffte. Man sieht aber, dass hiemit die Idee des philosophischen Dialogs nicht zur Anschauung noch sein Problem zur Lösung kommt. Dieses Problem aber hat nur Einer gelöst, und zwar eben der, der es gestellt hat, Platon.

Es ist sehr natürlich und von einer unmittelbaren Evidenz, dass unter den Faktoren, welche bei der Gestaltung des

---

[26]) So früher Leibnitz, und ausser Deutschland Hemsterhuis, Barkley, Diderot etc.

[27]) Am meisten, wenn auch nicht völlig, ist wohl Solger von diesem Mangel freizusprechen.

platonischen Dialogs obwalteten, nicht der schwächste die Gewohnheit des Sokrates gewesen ist, dialogisch zu philosophiren. Denn wenn schon die Erinnerung und das Beispiel der imponirenden Persönlichkeit seines Lehrers hier stark genug wirken musste, so war ausserdem in Sokrates diese Form zur Methode geworden und gerade diese Methode ist es, welche gleichsam den Nabelstrang bildet, mit dem Platon an Sokrates hängt. Hiermit ist jedoch die Frage bei Weitem noch nicht gelöst. Denn wenn auch Sokrates bereits die Unterredung zum Anknüpfungspunkt seines Philosophirens gewählt hatte, so blieb der Schritt von da zu ihrer Verwendung als Form **schriftlicher** Darstellung noch immer ein grosser, und ein um so grösserer, als für die Griechen im Allgemeinen, besonders aber für Platon die Kluft zwischen gesprochenem und geschriebenem Worte eine weit tiefere war, als für uns; ja wenn wir Platon für seinen mündlichen Unterricht oft zusammenhängender Rede sich bedienen sehen: so ist damit der Beweis geliefert, dass er auch in dieser Beziehung keineswegs in einem unmittelbaren oder unfreien Abhängigkeitsverhältniss zu Sokrates stand, dass wir also für die dialogische Form bei ihm noch ganz andere Motive aufzusuchen haben werden, als das mündliche Vorbild des Sokrates, welches ohnehin gerade durch seinen methodologischen Charakter leicht hätte zu einer derartigen Handhabung der Gesprächsform führen können, wie wir sie bei den meisten Modernen fanden. Das Beispiel des Zenon muss zweifelhaft bleiben, da die Stelle bei Aristoteles[28]) an Dialoge zu denken nicht zwingt; Aischines aber kann, wenigstens nach Diogenes' Darstellung zu schliessen, bereits als von Platon angeregt gelten. Die Notiz des Aristoteles aber bei Diog. 3, 48, dass Alexamenos der erste Verfasser von Dialogen sei, mit Platons Schriftstellerei in Verbindung zu bringen, berechtigt der Wortlaut der Stelle nicht. So bleibt denn von diesen äusseren Anregungen und Einflüssen nichts

---

[28]) Soph. el. 10.

von einiger Bedeutung und Stichhaltigkeit als das Studium der Mimen des Sophron, welches Diogenes neben dem des Epicharmos für Platon ausdrücklich bezeugt; eine noch interessantere Notiz bietet Aristoteles, der im ersten Kapitel der Poetik die platonischen Dialogen mit den Mimen des Sophron und Xenarchos in einer höchst bedeutsamen Weise zusammenstellt, welche richtig zu würdigen das Folgende dienen soll.

Das eigenthümliche Resultat, was Platon durch die Form seiner Werke erreicht, hab' ich bezeichnet als Dramatisirung, oder besser Historisirung seiner philosophischen Untersuchungen: er knüpft seine Probleme an einen bestimmten historischen Hintergrund an, er rückt ihre Stellung und versuchte Lösung in das Bereich des allgemeinen geistigen Entwickelungsprocesses und giebt somit seinen oft von ihm selbst und nicht bloss zum Schein in Zweifel gestellten Resultaten, auch für den Fall, dass sie nicht als die sei es für ihn sei es für das allgemeine Bewusstsein richtigen sich herausstellten, doch eine innere historische Wahrheit, indem er mit hoher Kunst die verschiedenen Auffassungen und sich kreuzenden Ansichten zugleich in ihrer principiellen Bedeutung zu fassen und aus der individuellen Persönlichkeit ihrer Vertreter sich entwickeln zu lassen weiss. Hier drängt sich nun ungesucht ein Gedanke auf, von dem es mir scheint, dass er die letzte und eigentliche Erklärung für die Wahl der dialogischen Form enthält. — Wer hätte nicht schon selbst die Scheu empfunden, für die eigene Ueberzeugung, welche ja doch nie ganz frei wird von dem Charakter des Momentanen, durch schriftliche Niederlegung oder Hinausstellung in die Oeffentlichkeit die dauernde Verantwortlichkeit zu übernehmen? Wer, der sich ein Bewusstsein zu wahren versucht hat über die eigene innere Entwickelung, hätte es nicht an sich erfahren, wie gerade das Gefühl eigenen Fortschreitens eine Bangigkeit im Gefolge hat, wo es gilt den immer und immer flüssigen Process der eigenen Gedanken in das starre Gewand der Schrift zu kleiden, an der so fein, so lebendig Platon den fixirenden Charakter herausempfunden hat? Und wer hätte dann nicht die Sehnsucht empfunden, den mühsam errungenen Gedankeninhalt aus dem Bereiche der Theorie hinaus in das der Thatsachen zu rücken, ihn in eine Form zu kleiden, die, auch wenn er in sich überwunden wäre, doch ihm ein Unterpfand wahrer Dauer bliebe, dem Schriftsteller das unangenehme Gefühl ersparte, das was er mit seinem Herzblut gross gezogen, einst völlig beseitigt zu sehen, ja selbst verwerfen zu müssen, und ihn der Nothwendigkeit überhöbe, sein eigenes Verhältniss zu den gebotenen Gedankenreihen zu verrathen? Das ist aber in Kurzem nichts Anderes als der Wunsch, sein eigenes Werk ebenso von sich abzulösen und so frei sich gegenüber zu stellen, als der Künstler sein Kunstwerk. — Dieses sind die Gedanken, oder, wenn man will, Empfindungen, die mir in Platon die dialogische Form zu motiviren geeignet scheinen. Möchte es mir gelungen sein, für diese feinen und dem bewussten Kalkül so gern sich entziehenden inneren Vorgänge einen hinreichend klaren Ausdruck zu finden, um die eben ausgesprochene Ueberzeugung nicht als eine willkürliche und unbegründete erscheinen zu lassen. -

Dürften wir uns so gewissermassen des Grundmotivs für Platons dialogische Schriftstellerei versichert halten, so bietet doch die Anwendung desselben auf die uns vorliegenden Schriften noch immer ziemlich ernste Schwierigkeiten. Denn die tiefgreifende Verschiedenheit, welche unter den beiden oben aufgestellten Gruppen besteht, stellt uns ein nicht minder schwieriges Problem zur Lösung. Die erste Gruppe, für welche mir nicht leicht ein Werk so charakteristisch erscheint, wie der Philebos, zeigt den philosophischen Gehalt noch durchgängig im Entstehungsprocesse begriffen: eine zum Theil peinlich eingehaltene Methode, eine ängstliche Vollständigkeit in der Darlegung der Gedanken, eine unbeholfene Weitläuftigkeit des Ausdrucks (von der u. A. die im Philebos bis zum Ueberdruss häufige Frageform, die sich 38 B, E, 39 C, E, 41 D, 42 C, 52 D, 54 A, 55 A 59 C etc. findet, ein anschauliches Beispiel giebt), machen es wahrscheinlich, dass hier neben dem einfachen Drange der Produktion auch der Wunsch des Schriftstellers obwalten mochte, seinen Gedanken durch schriftliche Fixirung den methodischen Abschluss der Vollständigkeit zu geben und sie so zu einer Klarheit zu bringen, deren man ohne solche schriftliche Stabilirung schwer sich versichern kann. Mancher frische Fund mag hier niedergelegt sein und uns, freilich unbewusst, einen Blick thun lassen in das Innere der Gedankenwerkstätte. Während Platon so scheinbar ganz auf die Entwickelung seines Systems gerichtet war, hatte er doch zugleich, vielleicht halb unbewusst, eine litterarische That gethan, an die in der Folge nicht zum kleinsten Theil sich die Unsterblichkeit seines Namens geknüpft hat: er hatte den Keim gelegt zu einer neuen philosophisch-poetischen Kunstform, die mit ihm zum ersten Male in die Litterärgeschichte eintrat. Aber eine Kunstform ist wie ein Problem: Ein Mal in das Bewusstsein, in die Geschichte des Einzelnen oder der Menschheit eingetreten, lässt es nicht eher zur Ruhe kommen, als bis die Frage ihre endgiltige Antwort, die Form ihre allseitige Erfüllung gefunden hat. Solches Abthun einer Form wie eines Problems geht aber in der mannichfaltigsten Weise vor sich, bald in langsamem Entwickelungsprocesse von Jahrhunderten, bald in der kurzen Spanne eines einzigen Menschenlebens; bald unter fundamentaler Umwandlung der ersten Keime, so dass das endliche Resultat von den Anfängen kaum schwache Spuren noch zeigt, bald so, dass schnell und plötzlich die vollendete Gestalt dasteht und der an sie sich anschliessende Process mehr der einer allmäligen Zerbröckelung und Auflösung als der eines auf Herausgestaltung einer immanenten Teleologie gerichteten Strebens ist. So hat die griechische Tragödie in langsamer Entwickelung, an die die grössten Geister ihre besten Kräfte setzten, sich stetig einem Höhepunkt genähert, den sie als Form unbedingt in Sophokles erreichte, um von Euripides bereits in Extreme ausgebildet zu werden, die ihren Zerfall im Gefolge hatten. So hat, um ein Beispiel einer andern Kunst hereinzuziehen, in unserer modernen Musik Haydn zuerst die eigentliche Form der Instrumentalmusik gefunden, die (normal) viersätzige Symphonie und Sonate; und an diesen Formen haben nach ihm die beiden grössten musikalischen Genien sich abgearbeitet, bis in Beethoven der Höhepunkt des Gehaltes zur Erscheinung kam, den diese Formen zu fassen vermochten, ja diesem in der neunten Symphonie jene Form unter den Händen zerbarst, weil in dem Künstler eine Ideenrichtung Platz ergriff (ob dauernd oder nur momentan, bleibt dahingestellt), der diese Form nicht mehr gewachsen war. Eine ähnliche Bedeutung hat das was wir in der Architektur die verschiedenen Stile nennen. Allen diesen Erscheinungen ist die problemhafte Natur gemeinsam, mit welcher sie einem Zeitalter gleichsam sich aufdrängen, und die besten Kräfte so lange auf sich concentriren und in Bewegung erhalten, bis entweder der geistige Fond der Zeit oder die Fassungskraft der Form erschöpft ist. Den Kreislauf dieser Erscheinungen sehen wir bei dem philosophischen Dialoge innerhalb eines einzigen Menschenlebens sich vollenden, wenn wir vielleicht auch die oben erwähnten Vorbedingungen, welche Sokrates für ihn bot, mit in diesen Entwickelungsgang hineinzuziehen haben. Die von Platon für die schriftliche Fixirung seiner Ideen vielleicht halb instinctiv aufgefasste Form trug von vorn herein die Teleologie einer künstlerischen Ausgestaltung in sich; sie war zu gross um anderen, sogenannten höheren Zwecken sich unterzuordnen und zu dienen: sie vermochte und strebte somit danach, Selbstzweck zu werden. Der Zeitpunkt, wo Platon sich entschloss, dieser Teleologie gerecht zu werden, wird etwa durch den Phaidros bezeichnet: wenn die demselben voraufliegenden Werke den Charakter schwerer Geburten tragen, die nach heftigen Wehen langsam zur Welt gefördert wurden, so zeigt die Bemerkung des Phaidros, welche die schriftliche Produktion der Ziergärtnerei vergleicht und sie als edle, herzquickende Unterhaltung[29]) getrieben werden

---

[29]) Vergl. παιδιᾶς χάριν 276 D.

lässt, dass hier dem Platon Möglichkeit und Forderung einer ganz anderen, der echt künstlerischen Art schriftlicher Produktion aufgegangen war. Und er hatte, wenigstens für seine Zeit, vielleicht ganz Recht, nur das künstlerisch Gestaltete schriftlich fixirt sehen zu wollen, da dasjenige, was solcher Gestaltung entbehrt, seine wahre, seine ewige Form noch nicht gefunden hat und somit, weil seinem Wesen nach flüssig, nur wider sein eigentliches Wesen in der Schrift festgebannt werden kann. — Die inneren Vorgänge und Erfahrungen, durch welche Platon auf diese Reformation seiner Schriftstellerei geführt worden, auch nur errathen zu wollen, hab' ich schon oben abgelehnt. Dass der Process kein schneller und plötzlicher gewesen ist, davon geben Dialoge wie der Menon und vor Allen der Phaidros Zeugniss, die eine Art Uebergangs- oder Mittelstufe vertreten. Sonst halte ich nur Eine Vermuthung für sicher genug, um ihr hier einen Platz anzuweisen, die nämlich von einem bedeutsamen Einfluss der Mimen des Sophron, auf die wir hiermit zurückkommen. Zwei Elemente besonders scheinen es gewesen zu sein, welche diese Mimen wie an und für sich merkwürdig, so für Platon wichtig und einflussreich machten. Zuerst: sie waren in Prosa abgefasst. Für unseren Standpunkt erscheint dieser Umstand irrelevant, da bei uns die Grenze der Poesie weit in das Gebiet prosaischer Rede hineinreicht. Anders der Grieche, vor Allen der Attiker; für diesen mochten die Grenzen zwischen metrischer und ametrischer Rede mit denen zwischen Poesie und Nichtpoesie sich decken, wie man schon aus der Ausdrücklichkeit zu schliessen berechtigt ist, mit der Aristoteles gerade in Hinblick auf Sophron und Platon gegen diese Auffassung sich wendet. Und so scheint es denn durchaus als wahrscheinlich, dass Platon erst durch die Bekanntschaft mit Sophrons Dichtungen von der Möglichkeit sich überzeugte, auch innerhalb der ungebundenen Rede eine wahrhaft poetisch-dramatische Gestaltung zu erreichen. Auf das zweite Moment weist Diogenes hin, wenn er erwähnt, dass Platon in der Charakteristik an Sophron sich angeschlossen habe. Eine trübe Quelle! wird man sagen, in Erinnerung der vielen missverstandenen oder erlogenen Notizen, welche dieser Schriftsteller bietet. Allein in unserem Falle können wir zwar nicht die Thatsache selbst, wohl aber ihre Möglichkeit controliren und anderweit bewahrheiten. Wir wissen nämlich, dass dem Sophron eine individuell lebendige, wenn man so sagen darf, naturalistische Charakteristik eignete, welche in der dramatischen Poesie der Dorier überhaupt gewöhnlich gewesen zu sein scheint. Bedenken wir nun, wie bei aller Idealität Platon doch so ausserordentlich wahre und individuelle Gestalten zeichnet und wie er hier eine plastische Vollendung erreicht, die der damaligen attischen Tragödie und Komödie zu erreichen nicht möglich, vielleicht auch nicht wünschenswerth gewesen ist, weil hier die ganze Anlage im Verein mit der mythischen Behandlung der Stoffe dem entgegen war: so zeigt sich, dass aus dem Bereiche des Thatsächlichen, soweit es uns zu Gebote steht, der Notiz des Diogenes nichts entgegensteht, sondern dass dieselbe vielmehr, da wir Platons Bekanntschaft mit Sophron auch sonst angedeutet finden, eine grosse innere Wahrscheinlichkeit hat.

Fassen wir das bisher Gesagte zusammen, so können wir den Wendepunkt von Platons Schriftstellerei einfach dahin charakterisiren, dass er zu der Einsicht in die Nothwendigkeit gelangte, seinen Dialogen, wofern er deren überhaupt zu schreiben gedenke, eine dramatisch künstlerische Gestaltung zu geben, auf wahrhaft dialektische Zwecke aber zu verzichten[30]) und sich vielmehr im Wesentlichen mit dem Genuss an der eigenen Produktion zu begnügen. Diese durch und durch künstlerische Anschauung von seiner Thätigkeit als Schriftsteller macht nun aber auch das Phänomen der sokratischen Werke an dieser Stelle seiner Entwickelung begreiflich. Denn

---

[30]) Wenn hiegegen besonders der Parmenides zu verstossen scheint, so ist schon oben S. 71 darauf hingewiesen worden, wie wir eine strenge und allseitige Uebereinstimmung der auf den Phaidros folgenden Werke

es ist klar, dass seine eigenen, wohl noch immer gährenden Anschauungen für eine künstlerisch abgerundete Gestaltung sich ihm weit weniger geeignet darstellen mussten, als ein fremder ihm objectiv gegenüberstehender Gedankengehalt, den er gleichwohl ganz zu beherrschen sich bewusst sein durfte. Ein solcher aber bot sich ihm in Sokrates und seiner Lehre, die zugleich die für Platons pietätvolles Gemüth anziehende Aufgabe mit sich brachte, das Bild seines Lehrers mit all' seiner Frische der Genialität, seiner Hoheit der Gesinnung, seiner Meisterschaft in der Gesprächsführung, seiner sinnigen Ironie in der Behandlung Anderer und was sonst des Grossartigen und Anziehenden so Vieles darin ist, zu zeichnen, als eine rechte ὑπόμνησις an den grossen Weisen, »für sich und diejenigen, die mit ihm gleiches Weges wandelten«[31]). Gleicherweise mochte es ihm auch für seine eigene Philosophie von Wichtigkeit sein, sich den sokratischen Standpunkt noch Ein Mal in seiner Consequenz zu vergegenwärtigen und so seine Auseinandersetzung mit ihm zu vollziehen oder wenigstens zu Ende zu führen.

Es ist naturgemäss, dass Platon, indem er als Schriftsteller eine von seiner früheren wesentlich verschiedene Richtung einschlug, nicht alsbald zu grösseren Aufgaben sich wandte; er musste sich sagen, dass seine Darstellungskraft den neuen Zielen noch nicht gewachsen war und dass, ehe er hoffen konnte, in Wahrheit παιδιᾶς χάριν zu produciren, er sich der Mittel der Darstellung in weiterem Umfange bemächtigen müsse. Es galt vor Allem, wahrhaft aus fremder Individualität heraus, also auch von fremden Standpunkten und unter gegebenen Situationen Gedanken und Worte finden zu lernen. Unter diesem Gesichtspunkte werden wir es aufzufassen haben, wenn wir hier zuvörderst zwei längeren, einfach rednerischen Darstel-

---

mit den in diesem aufgestellten Principien weder zu fordern noch zu erwarten berechtigt sind.

[31]) Vergl. Phaidr. 276 D.

lungen begegnen, der Apologie und dem Menexenos[32]); denn dass von dem letzteren mehr als der λόγος ἐπιτάφιος platonisch sei, habe ich mich nicht überzeugen können; der ihn umgebende läppisch-burleske Dialog ist theils eine utrirte Nachahmung einiger Stellen des Charmides, theils eine hässliche Parodie auf ein wundervolles Motiv des Symposions; dazu erscheint der begangene Anachronismus denn doch so haarsträubend, ja wegen seiner völligen Nutzlosigkeit so trivial, dass man ihn mit den echt platonischen Anachronismen auch nicht entfernt auf eine Stufe stellen kann. Auch an Motive des Phaidros kommen Anklänge vor. Es ist nicht undenkbar, dass diese Grabrede, nur zum Zwecke des Studiums verfasst, von Platon selbst gar nicht herausgegeben ward, sondern erst nach seinem Tode ins Publikum gelangte, dabei aber von irgend einer profanen Hand in die nöthige dialogische Form gebracht wurde, ein Schicksal, vor dem die Apologie nur durch die früher erfolgte Veröffentlichung bewahrt worden wäre. So würde es sich auch erklären, wie schon Aristoteles als den Sprecher dieser Grabrede den Sokrates nennen kann. Uebrigens sind beide, die Apologie wie die Grabrede, Meisterstücke der Darstellung. Wie richtig ist in der einen der Ton der Prunkrede, ihr rhetorischer Satzbau, ihr hohles Pathos getroffen! Wie geschickt ist die Auswahl des Stoffes der Situation angepasst, wie fein die Rhetorensitte getroffen, bei solchen Gelegenheiten mit der grössten Naivität der historischen Wahrheit ins Angesicht zu schlagen! so dass diese Schrift gleichsam inuito ore zu einer schlagenden Satire auf die ganze Sache geworden ist. Anders die Apologie. Hier ist es nicht eine ganze Klasse von Menschen, hier ist es vielmehr eine bestimmte historisch gegebene Persönlichkeit in einer historischen, die höchste Tragik enthaltenden Situation, aus deren Bewusstsein heraus zu sprechen war; hier galt es nicht eine manierirte Kunsttechnik der Rede zu copiren, sondern den Ton zu treffen für

---

[32]) Vergl. oben pag. 19, Note 14.

eine aller Absichtlichkeit, allen Schmeichelkünsten der Rede abholde, einfach auf die Wahrheit und ihre ungeschminkte Darlegung gerichtete Persönlichkeit. Und wie ist auch dieses gelungen! wie ist mit der einfachsten Schmucklosigkeit und der sparsamsten Verwendung aller Mittel der Rede hier nicht nur eine innere Wahrheit der Charakterschilderung sondern auch eine wahrhaft tragische Wirkung erreicht, deren Macht ich vielleicht höchstens, mutatis mutandis, die demosthenische Rede vom Kranze an die Seite zu setzen wüsste. — Durch solche und andere Studien, unter die wir gewiss auch die bei den ersten Reden des Phaidros rechnen dürfen, hat sich Platon nicht nur die Fähigkeit angeeignet, seine Personen immer so reden zu lassen, »ὡς ἂν ἐδόκουν ἕκαστοι περὶ τῶν ἀεὶ παρόντων τὰ δέοντα μάλιστ' εἰπεῖν«[33]), sondern auch eine Meisterschaft der Ethopoiie erworben, die im Alterthum ihres Gleichen wohl kaum haben dürfte. Mit der Apologie war aber Platon in eine Art der Produktion eingetreten, welche ausser der subjectiven Bedeutung eigener Weiterbildung auch ein objektives Interesse in Anspruch nehmen konnte; sie steht dadurch gewissermassen in der Mitte zwischen dem Menexenos und dem Kriton, der sich sowohl stilistisch als der für den Dialog fingirten Zeit nach an die Apologie in nächster Verbindung anschliesst. In engstem Rahmen ist hier ein Bild des Sokrates gezeichnet, aus dem die volle sittliche Energie, das Charaktervolle im eminentesten Sinne, was in seiner Persönlichkeit lag, in hellstem Glanze uns entgegenstrahlt. Zugleich ist Eines bemerkenswerth, was dann noch stärker im Gorgias hervortritt, dass nämlich Platon hier noch solche inhaltliche Motive wählt, in denen kein Widerspruch gegen seine eigene Ueberzeugung liegt: das Ziel einer vollkommenen Harmonie von Ueberzeugung und Handeln, der Treue gegen das Ewige in uns selbst in allen Lagen des Lebens ist das des Platon, wie es das des Sokrates gewesen war. — Ob zwischen

---

[33]) Thuk. I, 22, 1.

Apologie und Kriton und dann dem Gorgias noch einige kleinere Werke hineinfallen, wage ich nicht zu entscheiden; sicher erscheint so viel, dass der Gorgias das erste grössere Werk aus der neuen Schriftstellerperiode des Platon ist, auf das dann nach einem gewiss nicht allzu kurz zu denkenden Zwischenraume der Protagoras gefolgt sein wird, zu dem Werke wie der Laches, besonders aber der Charmides gleichsam als Vorstudien gelten können, der letztere auch in Betreff der diegematischen Form, welche im Protagoras schon mit solcher Meisterschaft gehandhabt ist, dass er unmöglich für den ersten Versuch darin gelten kann. Wir treten auch hier wieder in Widerspruch mit der gewöhnlichen Ansicht über diese Werke; eine kurze Berücksichtigung derselben wird uns den einfachsten Anhalt bieten für eine etwas genauere Darlegung der eben ausgesprochenen Meinungen. Man pflegt den Protagoras früher als den Gorgias anzusetzen, weil er keine Scheidung zwischen dem Guten und Angenehmen kennt; man pflegt die fünf Tugenden des Protagoras für eine Meinungsdifferenz anzusehen von den vier des Gorgias, und schliesst auch hieraus auf eine Priorität des ersteren; und man pflegt endlich die Beurtheilung der athenischen Staatsmänner in dem letzteren auf eine durch Sokrates' Verurtheilung hervorgerufene Verstimmung Platons gegen das athenische Staatsleben zurückzuführen. Der erste dieser Gründe kann, so scheint mir, gerade umgekehrt und zu einem erneuten Erweis für die Priorität des Gorgias benutzt werden; der zweite beruht auf einem Verkennen jener fünf Tugenden im Protagoras; der dritte endlich entbehrt allen thatsächlichen Anhaltes in dem betreffenden Dialog sowohl als dem Ganzen der platonischen Schriftstellerei und Anschauungsweise. Beginnen wir mit dem letzten. Die Gründe, aus denen im Gorgias Männer wie Miltiades, Themistokles, Perikles verdammt werden, sind keine anderen, als aus denen die Rhetorik im gewöhnlichen Sinne, soweit sie sich als das A und O staatsmännischer Wirksamkeit giebt, verworfen wird. Wie die Rhetorik nicht an sich verdammt, sondern im Gegentheil die

Möglichkeit einer echten und wahren Rhetorik ausdrücklich anerkannt wird: so werden auch jene Männer nicht an sich, nicht als Menschen verdammt, denen ohne Weiteres alle Tugend abzusprechen sei, sondern nur, soweit sie Staatsmänner sind. Sokrates freilich von seinem Standpunkte aus kennt nur Eine Art der Tugend und würde dieselbe jenen Männern in alle Wege abgesprochen haben; aber gerade dass diese letzte Consequenz hier unausgesprochen bleibt, dass die Beweise in dieser Sache alle nur von dem Mangel wahrer staatsmännischer Wirksamkeit, von ihrer Unfähigkeit zu lehren hergenommen werden, gerade das kann uns am Besten zeigen, dass hier schon ein ganz anderer Standpunkt als der reinsokratische bei dem Schriftsteller im Hintergrunde liegt. Was ausgesprochen wird, ist echt sokratisch, und zugleich zu aller Zeit Platons eigene Ueberzeugung gewesen; denn er hat für den Staatsmann, für den, der Andere zur Tugend zu führen die Aufgabe hat, auch noch in der Republik die echt philosophische Tugend gefordert, die auf der ἐπιστήμη beruht; und nichts Anderes ist es, was er im Gorgias verlangt: wer Andere, es sei mythisch, es sei dialektisch, es sei sonst wie zur Tugend führen und erziehen will, von dem muss ein Bewusstsein verlangt werden über das was er lehrt, über den, den er lehrt und über die Methode, mit der er lehrt. Die Urtheile über jene Staatsmänner sind somit nichts als die einfachsten Consequenzen der sokratisch-platonischen Ansicht und man braucht daher nicht nach anderen unphilosophischen und persönlichen Quellen derselben zu forschen. Auch der ganze Ton, in dem sie vorgetragen werden, ist vielmehr der einer mit der eigenen Neigung in Widerspruch gerathenden Consequenz gegen die Grundanschauungen, als der einer sich Luft machenden Verstimmung. Dass aber das Werk trotz seiner Uebereinstimmung mit Platons Ueberzeugungen doch nicht über den sokratischen Standpunkt hinausgeht, ist hier durch die Auswahl des Stoffes erreicht, indem die Frage nach einer persönlichen auf der δόξα ἀληθής beruhenden Tugend jener Männer einfach bei

Seite gelassen wird. — Wichtiger und tiefgreifender ist die Frage nach dem ersten der oben vorgetragenen Gegengründe, wonach man behauptet, der Gorgias bezeichne dem Protagoras gegenüber einen Fortschritt, weil er zwischen Gut und Angenehm unterscheide, während in letzterem Beides identificirt wird. Ich habe bereits oben die vielleicht paradox klingende Meinung ausgesprochen, dass der Fortschritt hier vielmehr auf Seiten des Protagoras liege. Es ist diess aber nicht so paradox wie es klingt. Die Unterscheidung zwischen $\dot{\eta}\delta\dot{v}$ und $\dot{\alpha}\gamma\alpha\vartheta\dot{o}\nu$, die der Gorgias giebt, ist in der That keine eigentlich principielle sondern hält sich nur an den gewöhnlichen Sprachgebrauch. Ich habe schon in anderem Zusammenhange darzuthun versucht, dass die Consequenz des sokratischen Standpunktes in der That der Eudämonismus ist, und insofern der Protagoras diese Einsicht verräth, geht er über den Gorgias hinaus, der sich noch mit einer Scheindifferenz zwischen $\dot{\eta}\delta\dot{v}$ und $\dot{\alpha}\gamma\alpha\vartheta\dot{o}\nu$ begnügt, über deren Werth eine methodische Durchdenkung Platon aufgeklärt haben mochte, als er den Protagoras schrieb. Ich nenne jene Differenz eine Scheindifferenz; denn wenn $\dot{\alpha}\gamma\alpha\vartheta\dot{o}\nu$ und $\dot{\omega}\varphi\dot{\varepsilon}\lambda\iota\mu o\nu$ identisch sind, wie der Gorgias ausdrücklich lehrt, so sind beide zwar von der gewöhnlichen, ephemeren Lust verschieden; von der dauernden Lust aber, dem dauernden $\varepsilon\dot{v}\ \beta\iota\tilde{\omega}\nu\alpha\iota$[34]) oder dem $\dot{\eta}\delta\dot{v}$ in einem etwas höheren Sinne können sie nicht füglich getrennt werden. Wir werden mit Wahrscheinlichkeit vermuthen dürfen, dass die Einsicht in diese Consequenz der sokratischen Lehre, von der auch die Republik 505 B im Vorübergehen eine treffende Kritik giebt, den Platon von Neuem wird bestärkt haben, auf dem bereits früher (im Philebos u. A.) eingeschlagenen Wege zu einer metaphysischen Begründung der Ethik vermöge der $\dot{\iota}\delta\dot{\varepsilon}\alpha\ \tau o\tilde{v}\ \dot{\alpha}\gamma\alpha\vartheta o\tilde{v}$ fortzufahren; eben an jene kritische Bemerkung schliesst sich in der Republik bezeichnend genug die berühmte Stelle über die Idee des Guten, und ihre

---

[34]) Prot. 351 B.

Vergleichung mit der Sonne. — Was zuletzt die Frage nach der Anzahl der Tugenden betrifft, so habe ich zuvörderst nicht finden können, dass Sokrates fünf Tugenden angenommen habe. Wenigstens nennen die Memorabilien ausser Weisheit und Besonnenheit, die ausdrücklich und völlig identificirt werden, meines Wissens nur noch Frömmigkeit, Gerechtigkeit, Tapferkeit, womit die vier im Gorgias (507 C) genannten übereinstimmen. Die Fünfzahl des Protagoras wäre daher eine Abweichung von Sokrates und könnte keinesfalls für eine frühe Abfassung des Werks angeführt werden. Ich sehe aber keinen Grund, sie nicht, dem Wortlaute des Werkes gemäss, auf Protagoras zurückzuführen. Die von Weber in seinen Quaestt. Protagoreae dagegen erhobenen Einwände kann ich nicht stichhaltig finden. Von einem Manne, der ein Werk $\pi\varepsilon\varrho\grave{\iota}$ $\dot{\alpha}\varrho\varepsilon\tau\tilde{\omega}\nu$ geschrieben hatte[35]), werden wir wohl voraussetzen dürfen, dass er darin eine bestimmte Meinung über ihre Anzahl werde ausgesprochen haben, und dass Platon dieser seiner Ansicht hier werde gefolgt sein, zumal er keinen Grund hatte, in solchen Dingen die Treue nicht zu wahren.

Betrachten wir den Gorgias nun noch nach seiner formellen Seite, so zeigt er eine Freiheit in Auswahl und Anordnung des Stoffes, eine Geschmeidigkeit des Gedankens, die wir in früheren Werken vergeblich suchen. Auch durch die für die einzelnen Personen bezeichnende Diction, sowie die Festigkeit und Sicherheit der Charakterzeichnung ragt er über Früheres weit hervor. In der That bewunderungswürdig ist die Kunst womit Platon dieselben oder wenigstens sehr ähnliche Anschauungen von drei untereinander ganz divergirenden Persönlichkeiten vertreten lässt und zwar so, dass auch in den Ansichten doch jedes Einzelnen Individualität gewahrt erscheint. Bei dieser Gelegenheit sei es erlaubt darauf hinzuweisen, in welch' grellem Contrast das durchaus würdige Bild des Gorgias, ebenso wie das des Protagoras, zu dem kleinli-

---

[35]) Diog. L. 9, 55.

chen Sophistenhasse, zu der Sophistenverachtung steht, welche man bei Platon vorauszusetzen pflegt. Es ist mit den Sophisten gerade wie mit den Staatsmännern: nicht ihre persönliche Tugend greift er an, nicht ihre Anschauungen über Gut und Böse u. s. w. — allem diesem lässt er vielmehr Anerkennung widerfahren — sondern nur dagegen richtet er seine Pfeile, dass sie sich als Lehrer der Tugend aufwerfen, während sie doch, was Tugend betrifft, höchstens auf dem Standpunkt der $\delta \acute{o} \xi \alpha \; \mathring{\alpha} \lambda \eta \vartheta \acute{\eta} \varsigma$ stehen, ein $\delta o \xi \acute{\alpha} \zeta \omega \nu$ aber nach seiner Ansicht lehren weder kann noch wollen darf. — Ein grosser Schritt vorwärts war es, den Platon mit der Abfassung des Protagoras that. Bei allen Vorzügen des Gorgias kann man sich nicht verhehlen, dass er, was das dramatische Element anlangt, noch an nicht unwesentlichen Mängeln leidet. Das Lokal, mit dessen poetischer Verwendung der Phaidros einen so herrlichen Versuch gemacht hatte, bleibt noch immer gleichsam hinter den Coulissen; die Composition ist zwar freier als in den Werken der ersten Reihe, allein sie zeigt doch noch Spuren eines verstandesmässigen Arrangements; die Charaktere sind zwar anschaulich und lebendig geschildert, allein Züge echt dramatischen Lebens sind noch sparsam vertheilt und eigentliche Nebenpersonen mangeln gänzlich; dabei vermisst man Schattenpartieen, die dem Leser als Ruhepunkte dienen könnten: die Aufmerksamkeit wird in einer fast immer gleichmässigen Spannung erhalten; das äusserlich Plastische des Vorgangs bleibt, wie das Lokal ganz vernachlässigt. Allen diesen Desideraten ist Platon im Protagoras völlig gerecht geworden und hat damit ein Werk von solcher Vollendung geschaffen, dass hier auch die moroseste Kritik verstummen muss. Ein Nachweis dieses Urtheils im Einzelnen würde einer Wiederholung der oben von dem Werke gegebenen Analyse gleichkommen; denn die Betrachtung der Theile, Motive, Wendungen, Charaktere u. s. w. ist bei diesem Dialoge in der That nichts Anderes als eine Aufzählung eben so vieler Schönheiten. Nur auf einiges Wenige wird es nöthig sein hier noch besonders hinzuweisen. — Welchen Antheil an dieser Vervollkommnung die diegematische Form hat, ist leicht ersichtlich; um es sich recht zu vergegenwärtigen, braucht man nur einmal alles das, was Sokrates von den Vorgängen erzählt, wegzustreichen und zu bedenken, dass das ganze Motiv der Lokalveränderung ohne die Wiedererzählung entweder nicht oder nur sehr unvollkommen hätte verwerthet werden können. Erwägt man aber diess Alles recht sorgfältig, so wird man sich kaum der Ueberzeugung verschliessen können, dass die That der Schöpfung einer neuen Kunstform durch Platon erst mit der Einführung der Gesprächserzählung vollendet war, der dann Platon auch in allen seinen folgenden Werken treu geblieben ist, so jedoch dass Protagoras und Symposion, von dem alsbald die Rede sein soll, den stilistisch-dramatischen Höhepunkt bezeichnen. Sind zwischen Gorgias und Protagoras auch einige kleinere Dialoge entstanden, wie wir angenommen, so bleibt der mit dem Protagoras gethane Fortschritt dennoch ein gewaltiger, denn auch den Charmides lässt er in jeder Weise weit hinter sich zurück. Sehr bemerkenswerth ist es, dass, während Platon seinen eigenen Standpunkt im Gorgias gleichsam nur durch Stillschweigen über gewisse Punkte und vielleicht auch durch eine hie und da hervortretende mehr psychologische Auffassung der Ethik[36]) verrathen hat, er dasselbe im Protagoras in der viel deutlicheren Weise thut, die ich oben darzulegen mich bemüht habe. Dieses Durchblickenlassen eines Gedankengehaltes der über den vorgetragenen hinausweist, ja das Material zu seiner Kritik an die Hand giebt, gemahnt an eine Stelle des Phaidros 278C, wo Sokrates dem Lysias sagen lässt, wenn er seine Rede verfasst habe, nicht ohne um die Wahrheit der Sache zu wissen und sich selbst widerlegen zu können, dann sei er werth ein Philosoph zu heissen. Wer sieht nicht, dass Platon hier in einem ähnlichen Falle war? Auch an die be-

---

[36]) Deuschle Jahns Jahrbb. 71, S. 598 ff.

rühmte Phaidrosstelle von den »garstigen Büchern, dumm und stumm« findet sich im Protagoras ein Anklang.

Unter allen Werken Platons steht keines dem Protagoras so nahe als das **Symposion**, und zwar bezeichnet es, wenn möglich, noch eine Steigerung über denselben hinaus. Beide Werke kommen überein in der Anschaulichkeit der Inscenirung, in der Meisterschaft und der charakteristischen Mannigfaltigkeit der sprachlichen Darstellung, in der Fülle plastisch abgerundeter Charaktere, die an den Reichthum eines Shakespeareschen Lear oder Hamlet erinnert, in dem wunderbaren Durchschimmern des historisch-zuständlichen Hintergrundes, in der völligen inneren Wahrheit endlich des Ganzen und dabei dem darüber ausgegossenen Hauche reinster und höchster Idealität, welcher die Manifestation des echten Genius ist. Beide Werke tragen ferner denselben teleologischen Charakter; sie sind gleichweit entfernt von verstandesmässig dialektischen Zwecken und zeigen gleicher Weise das Gepräge einer wahrhaft künstlerischen Produktion. Aber einen grossen Fortschritt zeigt das Symposion in der Wahl des Stoffes. Ich meine hier natürlich nicht den Umstand, dass es von der Liebe, der Protagoras aber von der Tugend im Allgemeinen handelt. Das Grosse erscheint mir vielmehr dieses, dass Platon in diesem in alle Wege kühnen Werke zuerst wieder es gewagt hat, ganz er selbst zu sein, seine specifisch eigenen Ideen voll und ganz hineinzuarbeiten. Im Protagoras schüchtern in Andeutungen gehüllt, springt er hier frei und kühn wie Apoll aus Leto's Schoosse hervor. Je grösser die Selbstentäusserung gewesen war, die Platon übte, indem er in den sokratischen Werken auf eine Darlegung seiner eigenen Philosophie als solcher verzichtete: um so bedeutender erscheint der Schritt, mit dem er solcher Beschränkung sich entledigte; er ist das schönste und zuverlässigste Selbstzeugniss für seine Reife als Künstler und Denker. Eine Spur der früheren Gebundenheit zeigt sich nur darin, dass er noch immer nicht wagte, dem Sokrates solch' unsokratische Gedanken, wie sie hier vorgetragen werden, direkt in den Mund zu legen und deshalb seine Zuflucht zu der reizvollen Erfindung von der Diotima nahm; erst im Parmenides ist auch dieses Bedenken überwunden und damit seine frühere Freiheit in der Schilderung des Sokrates wiedergewonnen, aber bereichert um ein grosses Mass lebendiger Anschaulichkeit und innerer Treue. Warum er aber gerade die Diotima gewählt? Mir scheint es nicht unwahrscheinlich, dass ihm dabei die eigenthümliche Anziehungskraft vorschwebte, welche Persönlichkeiten von solchem Vollgehalte des Geistes wie Sokrates, selbst durch eine theilweis abstossende Aeusserlichkeit hindurch gerade auf weibliche Naturen ausüben. Sicher ist es bemerkenswerth, dass eben in diesem Werke häufigere Züge einer echten, individuellen Genialität in Sokrates begegnen, die sonst nur spärlich vorkommen, wie denn überhaupt sein Bild hier eine vollendete und ungemein eindringliche Abrundung gewinnt, wie sie der Protagoras noch kaum bot.

Die nun folgenden Werke, Parmenides, Politeia und Phaidon zeigen wiederum ein erhöhtes specifisch philosophisches Interesse Platons bei seiner Schriftstellerei, wozu das Symposion die Brücke geschlagen hatte. Die wunderbare Kühnheit und Ueberlegenheit, womit in diesem die einfache diegematische Form zu einer Wiedererzählung einer Gesprächserzählung gesteigert war, wird im Parmenides beibehalten, vielleicht nicht ohne Rücksicht auf die weit zurückliegende Zeit, in welche der Vorgang entrückt ist. Grossartig erscheint hier die Reife Platons auch in Bezug auf das Technische der Speculation und seine Darstellung: die sehr spinösen Untersuchungen sind mit einer Klarheit und Durchsichtigkeit vorgetragen und fesseln in einer Weise das Interesse des Lesers, die, wenn man an Werke wie den Philebos zurückdenkt, einen eminenten Fortschritt bekundet. Eigenthümlich ist dem Werke eine gewisse Knappheit der Form, welche ziemlich stark absticht gegen die behagliche Breite der Politeia, von der wir aus diesem und anderen Gründen voraussetzen dürfen, dass sie Platon längere Jahre hindurch werde beschäftigt haben. Die direkt dialogische Form des Timaios[37]) macht es wahrscheinlich, dass die Bücher vom Staat schon früher in eben dieser Gestalt existirten und nur später in ihre jetzige Form umgegossen wurden, natürlich nicht ohne gleichzeitige inhaltliche Veränderungen. Es scheint, dass Platon dieses Werk gewissermassen als seine schriftstellerische Lebensaufgabe ansah; seine gesammte philosophisch historische Weltanschauung hat er hineingearbeitet, freilich nicht in der systematischen Gestalt, von der wir durch Aristoteles theilweis unterrichtet sind, sondern in der andeutenden Weise, die wir in allen auf den Phaidros folgenden Werken wahrnehmen und auch am Parmenides nicht vermissen, sobald wir die methodisch vollständige Discussion der Einen Idee nicht nur für das was sie scheint, sondern für ein Beispiel dessen nehmen, was mit allen Ideen kann vorgenommen werden. — Es ist hier, wo es nur darauf ankommt einen kurzen Ueberblick über die Entwickelungsreihe zu geben, der der Protagoras angehört, weder möglich noch nöthig, auf die einzelnen Werke näher einzugehen, und diess mag es entschuldigen, wenn ich über Erscheinungen, wie die Politeia, mit wenigen Worten hinweggehe. — Wohl das Letzte, was wir von Platons Hand besitzen, ist der Phaidon, in gewisser Weise das Glaubensbekenntniss, auf das er abzuscheiden gedachte. An dem Bilde seines erhabenen Meisters in dem Moment, den man wohl mit Fug und Recht den grössten des Alterthums nennen darf, mochte der sinnige Denker und Dichter mit Vorliebe verweilen und sich daran über das grosse Räthsel des Todes orientiren, das an den Hochbetagten näher und näher herantrat. Die eigenthümlich weihevolle Stimmung, die wir noch heute bei der Lectüre empfinden und der Phaidon 58 E ff. einfache aber eindringliche Worte leiht, lässt uns den Greis ahnen, der den vollen Ernst des Lebens und Todes in sich trug; auch die mitunter ins Formelhafte

---

[37]) Vergl. S. 8.

und Stabile gehende Sprache[38]) deutet eben darauf. Allein im Ganzen und Grossen zeigt er uns Platon in ungeschwächter Geisteskraft, wie der Philoktet den Sophokles: das Mimisch-Dramatische ist mit allerhöchster Meisterschaft behandelt und zu dem Bilde des Sokrates, wie es die früheren Werke zeichneten, bildet der Phaidon den herrlichsten Schlussstein, der sich denken lässt.

Diess ist die Dialogenkette, von welcher der Protagoras einer der anziehendsten, wenn auch nicht der tiefsten und grossartigsten ist. Wir sehen, er steht mitten in einer Entwickelungsreihe, Keime ausbildend und reifend, andere vorbereitend, und wenn er auch mit jedem echten Kunstwerke die Möglichkeit theilt, allein aus sich heraus verstanden und genossen zu werden: so wäre an eine Würdigung dieses Dialogs nicht zu denken ohne eine Betrachtung im Zusammenhange mit seinen näheren und ferneren Umgebungen. Wir dürfen aber solche Aufgabe nicht als gelöst betrachten, solange wir nicht Ein Werk in den Kreis unserer näheren Betrachtung gezogen haben, welches seinem Inhalte nach in so enger Beziehung zu dem Protagoras steht, dass es neuerlich als seine inhaltliche Fortsetzung, als die von Sokrates am Schlusse gewünschte nochmalige Aufnahme der Untersuchung, nur unter veränderter Form, angesehen worden ist. Diese letztere Annahme richtet sich nun zwar durch ihre stilistische Unmöglichkeit. Allein ein Werk, das mit dem Protagoras dasselbe Problem behandelt, hat jedesfalls, wo es dessen Untersuchung gilt, ein Anrecht auf eingehendere Berücksichtigung.

Man darf es als den jetzt beinahe allgemein anerkannten Sinn des Menon bezeichnen, die Möglichkeit einer doppelten Tugend nachzuweisen und zu zeigen, dass nur die eine der-

---

[38]) Vergl. die eigenthümliche und merkwürdig oft wiederkehrende Wortstellung, von der 61 C καὶ ὁ Σιμμίας Οἶον παρακελεύει, ἔφη, τοῦτο, ὦ Σώκρατες ein Beispiel ist und die vereinzelt auch in der Republik vorkommt.

selben, die auf dem richtigen Meinen beruhende, thatsächlich
angetroffen werde, während die andere gewissermassen ein
ideales Ziel bilde, über dessen Erreichbarkeit oder Unerreichbarkeit nicht abgesprochen wird. Eine einfache Consequenz
hiervon ist die Behauptung, dass dem Menschen die Tugend
durch eine $\vartheta\varepsilon\iota\alpha\ \mu o\tilde{\iota}\varrho\alpha$ zu Theil werde; denn es ist bekannt,
dass Platon für die Mittheilung auch der meinenden Tugend
den Besitz der bewussten Tugend auf Seiten des Lehrers als
nothwendig voraussetzt. Ob diese Behauptung völlig ernstlich
gemeint sei oder nicht, können wir für jetzt füglich unerörtert
lassen, da hierin der Kern des Werkes nicht ruht. So viel aber
scheint gewiss, dass in diesem Dialog noch keine erkennbaren
Spuren sich finden von den Gedanken, welche die Republik
ausführt, besonders aber von der $i\delta\acute{\varepsilon}\alpha\ \tau o\tilde{v}\ \grave{\alpha}\gamma\alpha\vartheta o\tilde{v}$, welche den
alleinigen Anhaltepunkt in Platons System bildet für die wahre
Auffassung der Tugend als des kraftförmigen Guten. Man
könnte hierauf allesfalls jene $\vartheta\varepsilon\iota\alpha\ \mu o\tilde{\iota}\varrho\alpha$ und den $\grave{\varepsilon}\nu\vartheta ov\sigma\iota\alpha\sigma\mu\grave{o}\varsigma$
deuten, von denen gegen den Schluss hin die Rede ist. Allein
diese Deutung unterliegt wesentlichen Zweifeln; denn man
fragt mit Recht, was Platon abhalten konnte, nachdem er Ein
Mal, wenn auch nur episodisch, die Ideenlehre eingeführt
und einen kurzen vorläufigen Beweis für sie gegeben hatte,
auch über den Zusammenhang des Tugendbegriffs mit ihr Andeutungen zu geben. Ja die Art und Weise, in welcher die
Ideenlehre hier allein benutzt wird, nämlich nur um den bekannten eristischen Einwürfen gegenüber zu erklären, wie der
Mensch dazu komme, nach der Tugend und ihrem Wesen zu
forschen ohne es zu kennen, wie die Tugend hier im Betreff
der Ideenlehre allem Uebrigen völlig gleich gestellt wird[39]),
lässt mit ziemlicher Gewissheit schliessen, dass die Centralsonne der Ideenwelt noch nicht entdeckt war. Es kommt
dazu, dass wir wiederum der einfachen Identificirung von

---

[39]) Vergl. 81 C. οὐδὲν θαυμαστὸν καὶ περὶ ἀρετῆς καὶ περὶ ἄλλων οἷόντε
εἶναι αὐτὴν d. i. τὴν ψυχήν sc. ἀναμνησθῆναι.

ἀγαθὸν und ὠφέλιμον begegnen und der Menon somit noch auf einem Standpunkt steht, dessen Consequenz nichts Anderes als Eudämonismus ist. Gerade aber diesen zu überwinden, erscheint als die Forderung, welche der Schluss des Protagoras wenn auch verhüllt, doch deutlich genug ausspricht, und wozu er die Anknüpfungspunkte mehrfach enthält. Es scheint mir nach diesem Allen, dass, auch rein auf den philosophischen Gehalt angesehen, der Protagoras dem Menon gegenüber einen sehr wesentlichen inneren Fortschritt des Philosophen allerdings mehr ahnen lässt als deutlich ausspricht; wie sehr das in stilistischer Beziehung der Fall sei, braucht nicht erst weiter ausgeführt zu werden. Ist der Menon auch einfacher, klarer, durchsichtiger gebaut und zeigt er auch nicht die inhaltliche Ueberfüllung, wie etwa der Philebos und ähnliche Werke: so fehlt doch jeder eigentliche Schwung der Darstellung, jeder Reiz einer poetisch idealisirenden Färbung in der Diction sowohl als der Charakterschilderung. Die Composition ist eine ziemlich einfach verstandesmässige, so angeordnet, dass eine stufenweise Annäherung an die Anschauung stattfindet, welche schliesslich als das Resultat betrachtet werden darf. Halten wir daneben den im Schmucke reinster Poesie strahlenden Protagoras, so können wir den Unterschied beider Werke mit zwei Worten ausdrücken: der Menon ist erdacht, der Protagoras erfunden. Wie dieser Fortschritt — man verzeihe das Wortspiel — von dem dichtenden Denker zu dem denkenden Dichter vor sich gegangen, das habe ich oben in kurzen Zügen zu schildern versucht. Diese letzte Betrachtung unseres Werkes aber möge dazu gedient haben, noch einmal die echt künstlerische Natur desselben ins Licht zu stellen, welche nicht am Wenigsten darin sich zeigt, dass es im höchsten Sinne des Wortes Selbstzweck ist.

Hiemit stehe ich am Ende der Gedankenreihen, welche dem Publikum vorzulegen Zweck dieser Blätter ist. Möchte es der eingehende Leser nicht verschmähen, dieselben an einer erneuten und der hier in den Grundlinien vorgezeichneten Anordnung folgenden Lectüre der platonischen Schriften zu prüfen. Ein solches Verfahren wird am ehesten geeignet sein, dasjenige, was hier zum Theil nur andeutungsweise hat vorgetragen werden können, zu ergänzen und, besser als auch die grösste Ausführlichkeit in der Darstellung diess bewirken würde, das stilistische Element und seine Bedeutung für die an Platons Schriften sich anknüpfenden Fragen ins Licht zu stellen. Auch wird bei einer derartigen Lectüre von Platons Werken dem Leser nicht entgehen können, wie der Gehalt derselben sich durchgehends Hand in Hand mit der wachsenden Darstellungskraft entwickelt und wie auch inhaltlich die Sokratischen Werke durchaus den ihrem stilistischen Charakter entsprechenden Standpunkt verrathen, sobald man sich einmal mit dem Gedanken an die Möglichkeit vertraut gemacht hat, dass Platon nicht immer das Letzte und Eigentlichste seiner philosophischen Ueberzeugungen in seinen Schriften niedergelegt habe. Solche Vertrautheit aber mit dem eben bezeichneten Gedanken, überhaupt mit dem ganzen eigenthümlichen Wesen der platonischen Schriftstellerei ist unerlasslich in diesen Fragen, welche einen Schriftsteller betreffen, dessen Werke nichts an sich tragen von modern trivialer Ausdrücklichkeit, sondern immer nur leise andeutend dem Eingeweihten tiefe Blicke eröffnen in einen herrlichen Geistesreichthum, gleichsam eine praktische Erläuterung jenes paradoxen Christuswortes: »Wer da hat, dem wird gegeben werden und wird die Fülle haben«; den Profanen aber in völliger Unklarheit lassen, umstrickt von einem Netze von Wunderbarkeiten, gleichsam als Kehrseite jenes Wortes: »Wer aber nicht hat, dem wird auch, das er hat, genommen werden.« Möchte man nach Durchlesung dieser Blätter wenigstens dazu keinen Grund finden, sie den profanen Ergüssen über den grossen Weisen des Alterthums zuzuzählen!

Druckfehler.

S. 10 Z. 32 l. Grad der *μίμησις*
S. 11 Z. 26 l. beide:
S. 23 Z. 21 l. Dialogen.
S. 65 Z. 33 l. in Einklang
S. 85 Z. 10 l. bei-